NOTEBOOKS ON MILITARY ARCHAEOLOGY AND ARCHITECTURE

EDITED BY ROBERTO SCONFIENZA *No 2*

La guerra contro Dolcino "perfido eresiarca"

Descrizione e studio di un assedio medievale

Giovanni Cerino Badone

BAR International Series 1387
2005

Published in 2019 by
BAR Publishing, Oxford

BAR International Series 1387

Notebooks on Military Archaeology and Architecture 2

La guerra contro Dolcino "perfido eresiarca"

© Giovanni Cerino Badone and the Publisher 2005

The author's moral rights under the 1988 UK Copyright,
Designs and Patents Act are hereby expressly asserted.

All rights reserved. No part of this work may be copied, reproduced, stored,
sold, distributed, scanned, saved in any form of digital format or transmitted
in any form digitally, without the written permission of the Publisher.

ISBN 9781841717081 paperback
ISBN 9781407328201 e-book

DOI https://doi.org/10.30861/9781841717081

A catalogue record for this book is available from the British Library

This book is available at www.barpublishing.com

BAR Publishing is the trading name of British Archaeological Reports (Oxford) Ltd.
British Archaeological Reports was first incorporated in 1974 to publish the BAR
Series, International and British. In 1992 Hadrian Books Ltd became part of the BAR
group. This volume was originally published by John and Erica Hedges in conjunction
with British Archaeological Reports (Oxford) Ltd / Hadrian Books Ltd, the Series
principal publisher, in 2005. This present volume is published by BAR Publishing,
2019.

BAR titles are available from:

	BAR Publishing
	122 Banbury Rd, Oxford, OX2 7BP, UK
EMAIL	info@barpublishing.com
PHONE	+44 (0)1865 310431
FAX	+44 (0)1865 316916
	www.barpublishing.com

Sopra l'ingresso del Santuario di San Bernardo da Mentone sulla vetta del Monte Rubello (Trivero, BI) una lapide ricorda la battaglia contro Dolcino e la setta dei dolciniani. Nel 1839, anno in cui questa epigrafe fu affissa, l'evento era ancora ricordato e ben presente nelle tradizioni locali.

e bello doppo il morire, vivere anchora

*A mio nonno Aldemiro Cerino Badone,
che per primo mi parlò di Dolcino;
A Manlio Calegari,
che per primo mi ha spiegato Dolcino.*

INDICE GENERALE

Indice Generale

Indice delle Tavole e delle figure

Introduzione ... p. 11

Capitolo 1 – **La Guerra contro Dolcino "perfido eresiarca" (1305-1307)**

1.1 – Fra Dolcino, *Perfidus Heresiarcha* ... p. 13
1.2 – L'arrivo in Val Sesia ... p. 17
1.3 – Inizia la resistenza armata ... p. 20
1.4 – Sul Monte Rubello ... p. 23
1.5 – L'assedio ... p. 25
1.6 – La battaglia finale ... p. 26

Fig. 1 – La Parete Calva. ... p. 19
Tav. 1 – I luoghi dei combattimenti. ... p. 16

Capitolo 2 – **I resti archeologici dell'assedio del Monte Rubello**

2.1 – La roccaforte dei Dolciniani; il monte Rubello e la Sella di Stavello ... p. 30
2.2 – La prima offensiva di Raniero ... p. 35
2.3 – Posizioni dell'assedio invernale ... p. 60
2.4 – La battaglia del giovedì santo (23 marzo 1307) ... p. 68

Fig. 2. Il Monte Rubello, 1905 circa. ... p. 32
Fig. 3. La cresta del Monte Rubello e le postazioni crociate viste da nord. ... p. 33
Fig. 4. Il Monte Massaro visto dalle pendici settentrionali del Rubello. ... p. 39
Fig. 5. Il terrapieno della Bastita del Monte Massaro. ... p. 40
Fig. 6. Trabucco in azione, inizi XIV secolo. ... p. 42
Fig. 7. *Guidoriccio da Fogliano*. ... p. 43
Fig. 8. Il Monte Tirlo visto dal Monte Rubello. ... p. 47
Fig. 9. Bastita maggiore del Monte Tirlo. ... p. 49
Fig. 10. Bastita maggiore del Tirlo. ... p. 49
Fig. 11. Bastita minore del Tirlo. ... p. 50
Fig. 12. Proiettile per catapulta A. ... p. 51
Fig. 13. Proiettile per catapulta B. ... p. 51
Fig. 14. *Mausoleo del Vescovo Guido Tarlati*. ... p. 52
Fig. 15. *Croniche del Codice Lucchese*. ... p. 56
Fig. 16. Monte Rubello o S. Bernardo, 1782. ... p. 58

Tav – 2. Il Monte Rubello e la Piana di Stavello. ... p. 34
Tav – 3. Disegno schematico dei sentieri. ... p. 38
Tav – 4. La bastita di quota 1402 del Massaro. ... p. 41
Tav – 5. Le bastite del Monte Tirlo. ... p. 48
Tav – 6. La bastita della Punta della Civetta. ... p. 55
Tav – 7. La prima battaglia di Stavello (estate 1306). ... p. 57
Tav – 8. L'assedio dalla fine di dicembre del 1306 al marzo del 1307. ... p. 62
Tav – 9. Pianta delle fortificazioni del Monte Rovella. ... p. 63
Tav – 10. Pianta delle fortificazioni del Monte Santa Eurosia. ... p. 64
Tav – 11. Pianta delle fortificazioni del Colmetto. ... p. 65
Tav – 12. Ricostruzione di un combattimento. ... p. 66
Tav – 13. La battaglia di giovedì 23 marzo 1307. ... p. 71
Tav – 14. Vomere d'aratro. ... p. 72
Tav – 15. Munizioni da balestra. ... p. 73

Capitolo 3 – **Uomini contro; la guerra medievale e la crociata del Monte Rubello**

    3. 1 Scontri ad "Alta" e "Bassa intensità "   p. 74
    3. 2 Tattiche per combattimenti ad "Alta Intesità"   p. 75
    3. 3 Tattiche per combattimenti a "Bassa Intensità"   p. 87
    3. 4 Fortificazioni campali   p. 94
    3. 5 Logistica   p. 96
    3. 6 Gli effetti dei combattimenti sul corpo umano   p. 96

    Fig. 17. Tabulario e balestriere   p. 84
    Fig. 18. Prigionieri sotto scorta   p. 89
    Fig. 19. Assalto al campo.   p. 93
    Fig. 20. Logistica medievale   p. 95
    Fig. 21. Caduti sul campo di battaglia   p. 99
    Fig. 22. Raccolta dei caduti   p. 100
    Fig. 23. Obelisco di Fra Dolcino   p. 101

Capitolo 4 – **Indagine archeologica di un campo di battaglia**

    4. 1 Obbiettivi della ricerca   p. 102
    4. 2 Fosse Comuni   p. 103
    4. 3 Fortificazioni campali   p. 105
    4. 4 Monumenti   p. 106
    4. 5 Archeologia delle armi   p. 107

Bibliografia   p. 108

INTRODUZIONE

Le sere d'estate nonno Aldemiro amava sedersi sulla panchina davanti al santuario della Brughiera. C'era lui e i suoi amici, altri nonni di altri nipoti che come me trascorrevano le vacanze su quell'umido prato che separava le due chiesette. Puntualmente quando il sole del tramonto giungeva a illuminare la facciata della chiesetta di San Bernardo, lassù, un punto bianco sulla cima lontana del Rubello, puntualmente i discorsi convergevano su un solo argomento; Frà Dolcino.

Frà Dolcino l'eretico, l'oro di Frà Dolcino, la caverna di Frà Dolcino, le trincee di Frà Dolcino. A tutto questo si aggiungeva il fatto che l'eremita che custodiva il santuario, Delfino, raccontava che anche nella sua valle natale, la Val Sesia, Dolcino aveva imperversato, ritirandosi infine su un monte dal sinistro e misterioso nome di Parete Calva. Ero affascinato. Convinsi un giorno nonno a portarmi sul monte Rubello, o San Bernardo come tutti ormai lo chiamano. Quella gita, della quale serbo un bellissimo ricordo, fu tuttavia una mezza delusione. Non che mi aspettassi di trovare il tesoro di Dolcino, per questo ero già abbastanza smaliziato, quanto invece le più volte citate trincee. Davanti alla chiesa sulla sommità del monte solo un prato. L'idea di trovare queste "trincee" mi affascinava e non mi abbandonò più. Mi raccontarono che lassù, sul Rubello, le trincee c'erano, ma i lavori di rifacimento del Santuario, avviati negli del secondo dopoguerra, avevano livellato ogni cosa. Così la tanto vantata Panoramica Zegna, grazie alla quale nonno Aldemiro mi aveva portato quasi sul portone della Chiesa di San Bernardo a oltre 1400 metri di quota, dove era passata aveva cancellato ogni cosa. Chissà chi aveva avuto la bella idea di far passare la strada proprio dove i dolciniani quasi sette secoli prima si erano fortificati. Infine, una bella estate, una delle ultime passate con i nonni sui monti, ritrovammo le bastite del Punta della Civetta. Fu una bella scoperta, ma erano ancora troppo poco per la mia curiosità. Una vetta, oltre al Rubello, dominava a fatale piana di Stavello, il pianoro dove gli eretici erano stati sconfitti; la cosa divertente che nessuno sapeva il suo nome. Chi la chiamava monte di Stavello, chi diceva che era senza nome; era il Tirlo. Oltretutto rispondevano tutti che lassù non c'era nulla, ma era anche vero che nessuno dei miei conoscenti e parenti, anche indigeni, era salito su quella modesta vetta. "là non c'è niente! Cosa vuoi trovare?". Risalii il breve pendio; sulla sommità mi imbattei finalmente nelle tanto agognate trincee; fu una grande gioia, poiché ora la storia, i racconti di nonno diventavano qualcosa di tangibile, reale, concreto.

Sono passati vent'anni da allora. Non lo sapevo ma avevo ripercorso il cammino che tanti altri avevano fatto. Ma la curiosità di allora non si è mai fermata, e ho continuato a rileggere, rivedere, tentare di comprendere gli eventi bellici e tragici dei quali le montagne di Trivero sono stati testimoni. Eventi che sempre citati, mai raccontati, mai del tutto compresi. Le pagine che seguiranno saranno sotto molti punti di vista in netto contrasto con alcuni mie precedenti lavori dedicati all'assedio del monte Rubello. Ho rivisto le fonti, le testimonianze, i luoghi e ne è nato questo lavoro. Non ci sarei mai arrivato da solo se non fosse stato per il mio amico e Maestro Manlio Calegari; ci sono persone che sanno "giocare" con la matematica, altre con la fisica, Manlio "gioca" con la storia. Con i miei pochi e raffazzonati racconti ha rivoltato completamente la vicenda di Dolcino, ne ha estratto gli elementi principali e ha tracciato una cronologia degli eventi. Mi ha lasciato a bocca aperta. Ed ha fortissimamente voluto che scrivessi questo libro, assai più di me.

Dunque, un altro libro su Frà Dolcino; perché stupirsi? E' questo il vero tesoro dell'eretico, sette secoli dopo se ne parla e si scrive ancora di lui.

Nel settimo centenario dell'assedio della Parete Calva,
Alessandria, 27 aprile 2005

Giovanni Cerino Badone

CAPITOLO 1

La guerra contro Dolcino "Perfido Eresiarca" (1305-1307)

Fra Dolcino, *Perfidus Heresiarcha*

La guerra contro frate Dolcino, "pessimo eresiarca", e gli apostolici suoi "perfidi seguaci", fu combattuta durante quasi due anni, tra la primavera del 1305 e quella del 1307. Fu una guerra vera, con la proclamazione di due crociate, impiego di soldati di varie provenienze geografiche e con diverse specialità militari, di macchine e tattiche d'assedio tipiche della guerra del tempo. Lasciò tracce significative nelle cronache ed altre, più rare ma non meno importanti, sui luoghi dove venne combattuta. Essa ebbe inizio non in corrispondenza del diffondersi delle idee e del movimento degli apostolici - che infatti risalivano all'ultimo trentennio del Duecento - ma quando costoro assunsero comportamenti intollerabili per l'ordine sociale e religioso del tempo, specialmente quando decisero di rispondere con le armi alle armi. Il loro non arretrare di fronte all'uso della forza, simbolo e pratica esclusiva del potere costituito, civile e religioso, apparve all'epoca intollerabile più ancora del loro credo eversivo. Da qui la determinazione e la ferocia messe in campo per annientarli.

Il *bellum* contro Dolcino, capo riconosciuto della "setta" degli Apostolici, iniziò quando questi, alle soglie dell'estate del 1304, giunse *cum quibusdam complicis suis*, nel Novarese, nella zona tra Serravalle e Gattinara. Ad ospitarli molti *homines* di Serravalle e lo stesso rettore della chiesa locale, accusati non a caso dall'Inquisizione di essergli stati *favorabiles*[57]. Arrivavano in val Sesia provenienti dall'alto Garda, Riva, Cemego, Arco e Bagolino, terre appartenenti alla diocesi tridentina, dopo che - in seguito all'esecuzione sul rogo di Gerardo Segarelli, a Bologna nel luglio del 1300 - molti di loro avevano abbandonato quella città. L'alto Garda si era rivelato un buon rifugio: Dolcino e i *sequaces sui* vi erano stati ben accolti e molti gli avevano aperto la loro casa *quia videbatur bonus homo et dicebat pulcra verba et habebat bibliam et exponebat evangelia et dicebat de futuris, et multi sequebantur eos*. Forse perché le terre del Garda erano periferiche rispetto a Trento, sede vescovile della diocesi, o perché la stessa Inquisizione aveva ritenuto che il rogo di Segarelli e le abiure di alcuni suoi importanti compagni di fede, precedenti e successive alla sua esecuzione, avessero ridotto non poco il fascino degli Apostolici, i dolcinani aveva goduto di una tregua. L'avevano usata, tra l'altro, per un approfondimento della loro dottrina. Non era una attività meno pericolosa ma era servita a diminuire almeno per un poco il rumore attorno alla vita del gruppo.

La prima lettera indirizzata da Dolcino a tutti "i fedeli di Cristo"[58] era stata stesa nei mesi successivi al rogo di Segarelli, sullo scorcio del 1300. Con essa Dolcino aveva raccolto l'eredità del maestro, assumendo di fatto la direzione del movimento degli apostolici. La lettera richiamava temi ben noti della tradizione gioachimitica e attese comuni ai molti gruppi emarginati e perseguitati dal contesto ecclesiastico dominante. Annunciava la imminente e completa rigenerazione della Chiesa grazie all'avvento d'un papa santo. Gli apostolici, secondo Dolcino, sarebbero stati il primo nucleo della futura chiesa spirituale che sarebbe sorta appena un imperatore illuminato avesse eliminato la massa dei cattivi prelati. La "salvezza", passata attraverso lunghe fasi storiche segnate da profeti, martiri e

---
[57] HISTORIA, p. 4, 19-21; *Ex quo graves processum facti fuerunt et formati tam per inquisitores hereticorum quam per dominum potestatem Vercellarum contra rectorem ecclesie serravallis et contra homines dicti loci Serravallis et tandem condemnati fuerunt, eo quod dicto fratri Dulcino favorabiles fuerunt.*
[58] BERNARDO GUI, p. 19, 32-33. *Scripsit autem prefactus Dulcinus epistolas tres quas intitulavit generaliter ad inversos Christi fideles et specialiter ad suos sequaces.*

santi, stava per entrare nella sua ultima, decisiva fase. Era il tempo presente - annunciava Dolcino - quello della salvezza. Una successiva lettera, la seconda, che chiudeva idealmente la fase della messa a punto della dottrina, Dolcino l'aveva stesa nel dicembre del 1303 quando con i suoi, a piccoli gruppi, già si era mosso o stava muovendo dal Garda verso altre destinazioni. Dolcino in particolare, forse dopo una pericolosa e breve permanenza a Bologna, si era messo in viaggio verso Occidente, la Val Sesia, dove appunto era giunto all'inizio dell'estate del 1304 procedendo *per montes multarum civitatum Lombardiae, unde fecit aliquam moram in montibus Brixiae, Bergami, Comi, ac Mediolani*[59].

Voleva prendere le distanze dalle diocesi di Bologna e Modena dove gli apostolici avevano molti proseliti e proprio per questo godevano di una particolare attenzione da parte degli Inquisitori. A Bologna tra l'altro, nel dicembre del 1303, era stato condannato al rogo Zaccaria, bolognese di Sant'Agata. Dal 1290 fedele compagno di Segarelli, era divenuto dopo la morte di questi uno dei più importanti collaboratori di Dolcino; predicatore e *docens in ecclesia*, e con altri responsabile della diffusione delle famose "lettere". Frate Guidone, vicentino, inquisitore *pravitatis heretice in provincia Lombardie et marchia Ianuensi*, aveva dedicato parecchie settimane ad interrogare Zaccaria. Lo scopo, facilitato dalla posizione di rilievo di Zaccaria tra gli Apostolici, era di aggiornare le proprie conoscenze sul movimento, sia per i risvolti organizzativi sia per quelli dottrinari. La sua opinione infatti era che ci fossero aspetti che, durante i processi precedenti il 1300, erano sfuggiti alla attenzione degli inquisitori. Lui stesso nel 1299 aveva inquisito Zaccaria e ne aveva accettato l'abiura, limitandosi ad imporgli di portare la doppia croce e a fare atto di periodica e pubblica sottomissione, ma dando così prova di sottovalutazione delle capacità di recupero del movimento dopo che Dolcino se ne era messo a capo. Toccava dunque a lui per primo porvi riparo.

In posizione secondaria rispetto al maestro, il ruolo di Dolcino era emerso incontestato subito dopo che nell'estate del 1300 Segarelli era finito sul rogo. I *documenta et precepta... compilata a Dolcino*[60] erano rapidamente diventati patrimonio comune del movimento apostolico, lo avevano rafforzato e unificato nel suo credo mettendo a fuoco l'esistenza di un gruppo consistente di seguaci con capacità intellettuali notevoli. Come ad esempio quel Secondinus de Brisia, apostolico (*tenet et servat vitam et modum dictorum apostolorum*), che - rispondeva Zaccaria ad una richiesta di Guidone - "*scripsit plura de operibus dei et ministerio eius secundum compillacionem quam fecerat Dolcinus de Novaria*[61]. Ciò era avvenuto, aggiungeva Zaccaria, durante la loro permanenza a Cimego e in altri luoghi del Gardesano. In quei mesi, ospiti delle comunità poste nella parte a nord del lago, avevano pensato e discusso molto. All'antico richiamo alla chiesa povera delle origini si era così affiancato un patrimonio frutto delle rivelazioni dello stesso Dolcino - l'avvento del papa giusto, dell'imperatore che avrebbe portato giustizia e altro ancora - che saldava il movimento degli apostolici a correnti di idee che da tempo attraversavano la chiesa e il mondo cristiano. Le "lettere" di Dolcino avevano avuto una circolazione rapida. Ne erano state diffuse anche versioni semplificate per essere meglio comprensibili ad un gregge che non si segnalava per la profondità degli studi; una circolazione efficace e per questo inquietante. Guidone, di fronte alla sagacia di certe risposte degli inquisiti alle domande che lui stesso gli andava formulando, non aveva tardato a convincersene.

Era questo uno degli aspetti che più preoccupava Guidone e i suoi; oltre alla semplice pratica della povertà e della preghiera[62], gli Apostolici stavano occupando il terreno della dottrina, mettevano in

---

[59] BENVENUTI RAMBALDIS DE IMOLA, p. 360.
[60] ACTA SANCTI OFFICII BONONIE, p. 60, 5-6.
[61] *Supra*, p. 60, 24-25.
[62] *Supra*, p. 59, 17-20; *orare, contemplare vitas et passiones sanctorum et cum est hora necessitatis commedendi mendicari et petere ellimosinas, et fundamentum vite et status dictorum apostolorum est servare paupertatem et omnia vendere et dare pauperibus et bona propria non habere nec possidere.*

discussione l'autorità del papa e della chiesa, eccepivano sulla confessione e invadevano il campo della liturgia cantando loro particolari inni[63]. Più ancora delle "lettere" stese da Dolcino, lunghe, dense di riferimenti alle Scritture e alla rivelazione di cui lo stesso Dolcino si era dichiarato destinatario, erano gli estratti del loro credo, facili da leggere e da diffondere, che rendevano sempre più insopportabile per Guidone, e la chiesa che rappresentava, la presenza degli Apostolici e in particolare quella di Dolcino, *principalis et maior inter eos*[64].

Zaccaria aveva concluso il suo interrogatorio confermando *doctrinam et vitam dicti Dolcini et sequacium suorum* e dichiarando che *in ea volebat vivere atque mori*. Guidone l'aveva accontentato volentieri e nel dicembre del 1303 aveva consegnato Zaccaria al braccio secolare *quod... comburatur ita quod moriatur*. Ormai era Dolcino il suo vero obiettivo, ed era convinto che non sarebbe stato facile catturarlo. Grazie agli interrogatori di Zaccaria e altri sospetti aveva scoperto tra l'altro che, per i loro spostamenti, gli apostolici confidavano da tempo in una rete di case amiche rese disponibili grazie alle "lettere commendatorie"[65] di cui disponevano i membri del gruppo che più di altri dovevano muoversi con discrezione. I loro titolari erano ammessi, per il solo fatto di possederle, all'ospitalità, alla riservatezza e alle informazioni dei confratelli: erano transfughi, sparpagliati, ma non dispersi. Anche questo Guidone si sentiva di mettere in conto a Dolcino. I piccoli gruppi erano una variante tattica pericolosa perché inafferrabili. Da qui la convinzione e la decisione che, oltre a celebrare quanti più processi fosse possibile e dar loro la conclusione esemplare del rogo, era necessario fare i conti con colui che, mettendosi alla testa degli apostolici dopo la morte di Segarelli, aveva dato nuova linfa ed organizzazione al movimento assicurandone una crescita inattesa.

Il processo contro Zaccaria era stato per Dolcino e gli Apostolici il segnale definitivo: bisognava mettersi in cammino, continuare a predicare, seguire la regola di povertà ma anche e specialmente disperdersi. Quando Dolcino, alle soglie dell'estate del 1304, aveva raggiunto la zona tra Gattinara e Serravalle, aveva con sé solo pochi compagni: oltre Longino da Bergamo e Margherita da Trento solo *quibusdam complicis suis*. Negli stessi mesi, altri fratelli, come lui affiancati da piccoli gruppi, stavano vivendo la stessa diaspora: non rinunciavano a predicare e a mostrarsi, si tenevano sempre pronti a riprendere il cammino ai primi segni di pericolo. Non disponevano di zone franche né di alleati politici.

---

[63] *Supra*, p. 57, 2-12.
[64] *Supra*, p. 58, 25.
[65] *Supra*, p. 70, 5-34.

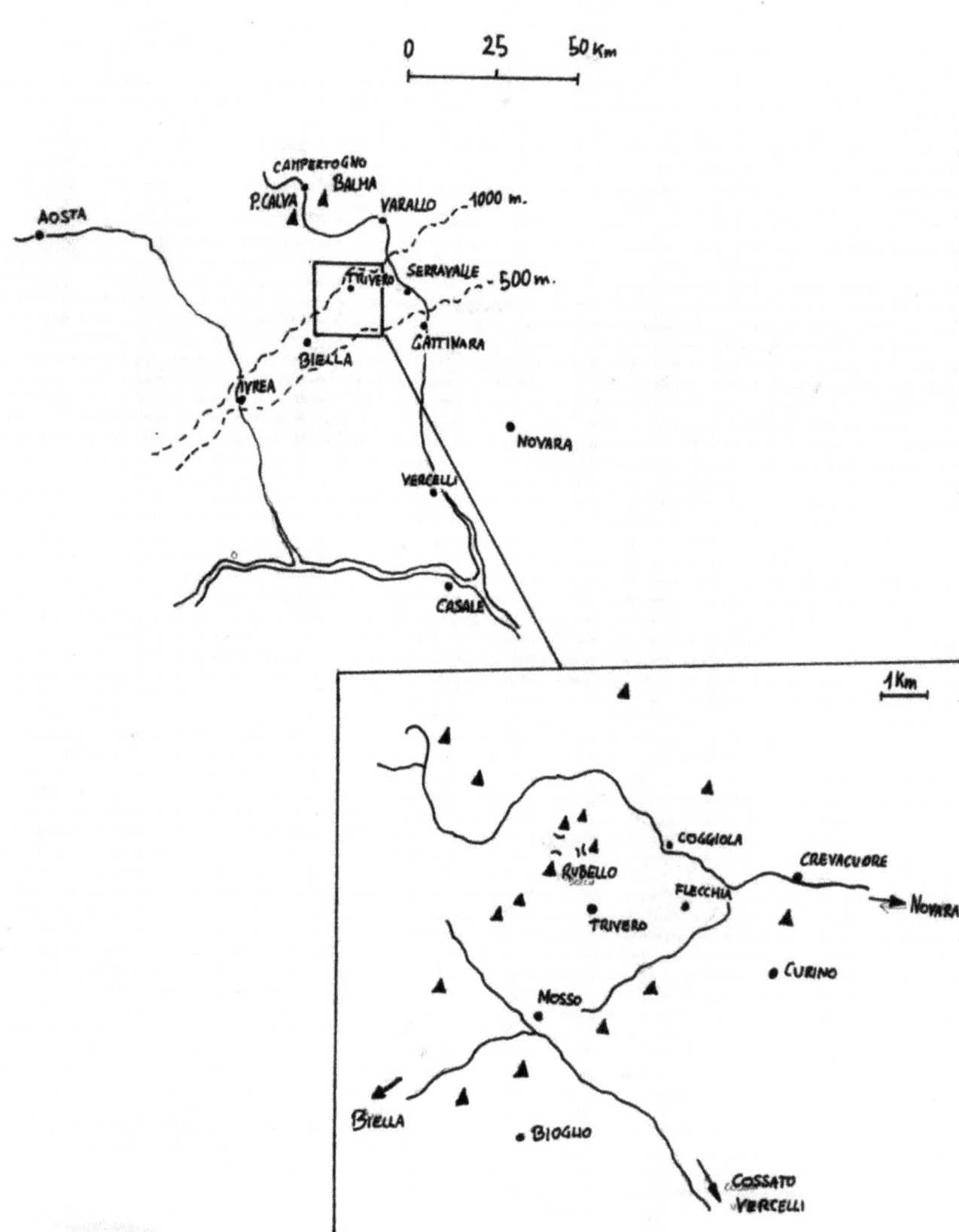

Tav - 1. I luoghi dei combattimenti. Collocazione geografica del Monte Rubello e del Biellese nel Piemonte Nord Occidentale. I dolciniani decisero di insediarsi in una zona dominata da spinte centrifughe rispetto ai comuni di Vercelli e Novara. Biella e la Val Sesia erano ben note per precedenti tentativi di ribellione.

L'arrivo in Val Sesia

La Val Sesia, territorio formato da un gruppo di comunità legate tra loro da una forma embrionale di confederazione, di cui Romagnano, Campertogno e Rima erano i nuclei più popolati, era da tempo nelle mire del Comune guelfo di Novara che nel 1304 già controllava il borgo di Romagnano. La città nel 1299 aveva attivamente contribuito alla sconfitta di Matteo Visconti per opera del marchese di Monferrato, suggellando la vittoria nel 1302 con la fuga del Visconti da Milano e costringendolo a riparare nei castelli amici della zona. Proprio in uno di questi, Martinengo, lo aveva incontrato Dolcino, nel suo avvicinamento alla Val Sesia, ricevendone ospitalità. Un gesto di cui l'Inquisizione si sarebbe ricordata nel processo istruito nel 1321 contro Matteo Visconti.

L'incontro tra Matteo e Dolcino non aveva però avuto seguito: il fronte ghibellino era in gravi difficoltà e Dolcino non poteva certo trarne dei vantaggi. C'era anzi il rischio che l'indebolimento e le sconfitte dei ghibellini coinvolgessero nella loro sorte gli apostolici, per non dire di quello non meno improbabile che questi ultimi potessero diventare in qualsiasi momento una preziosa merce di scambio per i Visconti in difficoltà. Comunque non ne era uscito nulla e Dolcino aveva proseguito nel viaggio senza modificare la meta che si era prefisso. Quello che invece Dolcino non aveva deciso e forse neppure immaginato era che a Gattinara e a Serravalle, nel giro di poche settimane dal momento del suo arrivo, prendessero l'avvio due processi, strettamente connessi tra loro, che gli imposero di lì a poco una modifica dei piani precedenti. Il primo era il successo della sua predicazione e il favore con cui era stato accolto non solo dal mondo dei semplici ma anche da quello benestante e di rappresentanti del clero, un favore che era diventato un richiamo sicché - *crescente in dies multitudine magna* - la sua presenza sul posto era andata trasformandosi in una sia pure involontaria invasione. La seconda, che discendeva direttamente dalla prima, era l'immediato interesse dell'Inquisizione che, di fronte alla rilevanza sociale di quanto andava succedendo, era ben decisa a non dare a Dolcino tempo di mettere ulteriori radici.

Dolcino e i suoi si muovevano nella terra di confine tra Vercelli e Novara, due comuni mai stati in buoni rapporti tra loro, divisa in due dal fiume Sesia il cui corso segnava il confine non solo politico, ma anche religioso tra le due Diocesi. Se per i rispettivi vescovi questa poteva risultare una remora ad intervenire direttamente, non lo era però per l'Inquisizione che operava secondo altri criteri di giurisdizione. Infatti, avuta notizia del nuovo stanziamento di Dolcino, gli inquisitori, oltre a muoversi verso la Val Sesia, iniziarono a rastrellare la Pianura Padana, specie nei territori dei Comuni di Vercelli e Novara, e ancora Bologna alla caccia di dolcinani dispersi o in marcia verso i monti novaresi[66]. A dirigere le operazioni il domenicano Lanfranco de Amicis da Bergamo, sovrintendente l'*Ufficium Inquisitionis* di Pavia, Vercelli e Novara, superiore di tutti gli inquisitori che operavano nella Lombardia occidentale e Piemonte orientale. Lo stesso che tra il settembre e l'ottobre del 1304 doveva indagare i rapporti tra Matteo Visconti e Dolcino. Mentre, nell'estate del 1304, la "comitiva" dolciniana cresceva di numero - da "*aliqui*" erano diventati "*quamplures*" - e in popolarità, anche la stretta dell'Inquisizione aumentava. Era necessario per i dolciniani rimettersi in movimento ma a differenza di quanto era successo qualche mese prima sul Garda il gruppo stava cambiando segno. Assomigliava piuttosto ad un popolo di fedeli che seguiva il suo profeta; un fatto che rendeva problematico lo sciogliersi rapidamente di fronte al pericolo per poi magari ritrovarsi altrove come invece era successo nelle stagioni precedenti. La soluzione venne proposta a Dolcino

---

[66] Mentre Dolcino è in Val Sesia, continuano i processi bolognesi contro simpatizzanti dolciniani. Interrogatori avvengono il 4 luglio, quando è interrogata una tale Margherita, il 22 settembre e l'8 ottobre 1304, periodo nel quale si compie il processo è la messa a morte di Rolandino da Olle; l'anno seguente l'inchiesta è portata avanti il 6 giugno con l'interrogatorio di Francesco da Mugello. ACTA SANCTI OFFICII BONONIE, pp. 63-70.

da Milano Sola, un benestante - *rusticus dives*[67] - di Campertogno, centro dell'Alta Val Sesia, uno di quelli che a suo tempo aveva invitato Dolcino a raggiungere la zona di Serravalle[68]. Sola propose a Dolcino di trasferirsi col suo seguito a Campertogno, un agglomerato di case situato nel fondovalle nell'Alta Val Sesia. Lasciando alle spalle Varallo, il capoluogo della valle, risalendo il fiume Sesia per una decina di km verso Occidente e poi piegando verso nord, il fiume corre stretto tra due monti, la Parete Calva sulla riva destra e il monte Balma su quella sinistra. Dietro questa strettoia naturale, sulla riva destra del Sesia, c'era Campertogno, un insediamento non facile da raggiungere senza essere notati per tempo. Per catturare Dolcino e i suoi amici non sarebbe bastato il consueto gruppetto di armati con cui nelle città e nei borghi i capitani all'ordine dell'Inquisizione prelevavano uomini e donne sospetti dalle loro case.

---

[67] Piuttosto che "ricco contadino", piuttosto strano in una valle come la Val Sesia, dedica principalmente alle attività di allevamento, viene da pensare a Milano Sola come un *abà*, ossia il capo di una delle corporazioni della comunità valsesiana conosciute come *badie*, i cui compiti erano organizzare la difesa comune, organizzare le ricorrenze e le feste (carnevale, calendimaggio, falò dei solstizi...).

[68] HISTORIA, p. 4, 24-25; *qui ipsum Dolcinum de longinquis partibus evocavit.*

Fig. 1. La Parete Calva. Le elevate pareti rocciose rendevano la sommità del monte una postazione di fatto imprendibile per il sodato del XIV secolo, ma i problemi logistici dei difensori erano nel contempo assai notevoli e di difficile risoluzione, quali l'approvvigionamento idrico. La Parete Calva risultò essere per i Dolciniani l'estrema difesa sulla quale arroccarsi durante i combattimenti avvenuti nella Valle Sesia nell'anno 1305. Le case visibili nella foto appartengono all'abitato di Quare, una delle frazioni di Campertogno (VC).

Avvenne così che con la complicità di molti abitanti di Serravalle Dolcino e la sua "pestifera comitiva" camminarono[69] fino alla volta di Campertogno dove Milano Sola aveva loro aperto la sua casa e dove risedettero per *pluribus mensibus*. Anche se si trattava di un luogo defilato rispetto a quelli della pianura e non facile da raggiungere, l'attrazione degli apostolici restava fortissima. *De diversis mundi partibus*, recita l'Anonimo, *homines et mulieres* venivano ad ascoltare le *falsa predicationes et erronea documenta* di Dolcino. La repressione condotta da domenicani e francescani aveva infatti avuto tra gli effetti non previsti da chi l'aveva promossa, quello di mettere in movimento gruppi provenienti da *aliis locis circumstantibus, cum omnibus eorum bonis*, sia perché timorosi delle persecuzioni in loco sia perché decisi a raggiungere il maestro per condividerne l'avventura. Erano giunti così numerosi che ancora una volta si era imposto a Dolcino un cambio di residenza. I sopravvenuti infatti erano troppi anche per le case generose e ospitali di Milano Sola e di altri uomini di Campertogno. Così avvenne che i nuovi venuti, uniti a quanti già si trovavano sul posto ed altri locali, lasciarono Campertogno per raggiungere *quemdam montem diocesis Novariae, ubi dicitur ad Balmam*. Qui, tutti insieme, avendo costruito *plures domos et manisculas*, si erano fermati *pluribus mensibus*, probabilmente sino alla primavera del 1305 quando contro di loro, e con ben altre forze rispetto ai mesi precedenti, l'Inquisizione si pose nuovamente sulle loro tracce.

Inizia la resistenza armata

Determinato a risolvere il problema in modo defintivo, l'*Ufficium Inquisitionis*, nella primavera del 1305, bandì una crociata contro gli eretici di Dolcino. Anche se in quel momento il soglio pontificio era vacante - Benedetto XI era morto il 6 luglio 1304, proprio quando Dolcino aveva i suoi movimenti attorno a Serravalle e il conclave riunito a Perugia per scegliere il successore andava per le lunghe[70], il bando di una crociata era comunque una prerogativa che l'Inquisizione condivideva col pontefice[71]. La vacanza papale non fu quindi d'ostacolo a bandire la croce *cum peccatorum indulgentia* contro Dolcino e a guidarla furono direttamente gli *inquisitores* che *moverunt exercitum contra ipsum*[72]. Principale organizzatore il domenicano Lanfranco da Bergamo, lo stesso che aveva perseguitato i dolciniani in Lombardia nell'estate del 1304 e che nel febbraio del 1305, per accertare i contatti tra gli eretici e Matteo Visconti nel castello di Martinengo, si era personalmente recato a Vercelli per sovrintendere all'azione inquisitoria nei confronti degli abitanti di Gattinara e Serravalle, in particolare contro il *rectorem ecclesie Serravallis*, appartenenti alla diocesi vercellese e sospetti di collusione con i dolciniani. Dopo che vennero fatte circolare *per civitatem et burgos* lettere, siglate dall'arcivescovo di Milano, contenenti la scomunica di quanti *vocantur apostoli et eorum receptatores*, la Val Sesia divenne il luogo dove finì per convergere l'azione dei principali inquisitori che operavano nell'Italia del Nord. Tommaso da Gorzano, domenicano, inquisitore di Genova ed Alessandria, nel maggio del 1305 inviò un suo agente personale ad indagare *pro facto Dolcini*; nello stesso mese il Comune di Cremona contrattava un mutuo per pagare le spese dell'inquisitore che avrebbe dovuto recarsi *in districtu Novariae*[73].

---

[69] Campertogno e Serravalle distano tra loro 40 chilometri, distanza che a piedi può essere coperta con ragionevole velocità in due giorni di marcia.

[70] Nota si doveva concludere infatti il 5 giugno 1305 con l'elezione di Bertrand de Got, arcivescovo di Bordeaux, e solo a novembre sarà incoronato papa col nome di Clemente V.

[71] La prerogativa derivava dalla *Malitia huius temporis* di Innocenzo IV e dal Canone *Catholici vero* del IV concilio Lateranense. PAOLINI 1979, pp. 200-201.

[72] BERNARDO GUI, p. 28, 2.

[73] CODEX DIPLOMATICUS CREMONAE; [9 maggio 1305] *Super domo gabellae Cremonae. Provisio gabellae quos de redditibus gabellae fiat restitutio Anzelerino de Nuptiis de 150 libris imper. Et abbatibus et sapientibus blavae de aliis 150 libris mutuo acceptis a gabella pro expensis necessariis faciendis in andatam quam facit inquisitor henreticos sequaces ipsius, existentes in districtu Novarie, secundum reformationem consilii generalis comunis Cremone facte de ipsis plaustris mitendis.*

Le cronache dell'epoca, ricche di particolari sulla vicenda dolciniana, sono invece sobrie quando riferiscono della crociata bandita dagli inquisitori. Nessuna indicazione sulla quantità delle forze militari messe in campo, sui loro movimenti, sulla durata delle operazioni. Un silenzio che potrebbe avere più ragioni. Ad esempio una sottovalutazione dell'avversario, come se il semplice bando avesse avuto il potere di dissolvere la massa dei fedeli raccolta attorno a Dolcino; oppure la spiacevole scoperta di dover affrontare difficoltà insormontabili nel momento in cui ci si era trovati ad operare in condizioni poco tradizionali, cioè su delle montagne inospiti. In ogni caso lo scontro auspicato non ci fu e l'esercito inquisitoriale finì rastrellare una montagna, detta della Balma[74], abbandonata da coloro che fino a poco prima l'avevano abitata.

A gruppi di pochi, come quando avevano percorso le strade di Lombardia, aiutati da abitanti di Campertogno esperti dei luoghi, all'inizio dell'estate del 1305, i dolciniani lasciarono la Balma per disporsi attorno alla Parete Calva, all'incirca ad un giorno di cammino dal precedente stanziamento. Si trattava di un imponente rilievo roccioso, alto 1661 metri, dominante la confluenza tra il Sorba e il Sesia e accessibile solamente dalle case di Quare e Dughera, frazioni di Campertogno. Caratterizzato da salti rocciosi - il podio sommitale della Parete Calva è situato al di sopra di uno strapiombo alto più di trecento metri - la sua conquista o anche solo il suo presidio era per il soldato medievale un'impresa di fatto impossibile. La *Historia Fratris Dulcini Heresiarche* la definisce, non a caso, come una montagna possente *qui a nulla parte poterat expugnari*. Attorno a quella vetta - sulla quale era pensabile d'attestarsi solo in caso di estrema necessità - si disposero circa *mille quatrocentum et ultra* dolciniani. Nel complesso una situazione difficile per quanti avevano deciso di trovarvi riparo, per la necessità di vettovaglie, acqua e tutto il necessario a mantenere in vita una massa di persone così numerosa.

Lo spostarsi nei dintorni della Parete Calva aveva portato un ulteriore cambiamento nella vita del gruppo. Da un lato esso era avvantaggiato dalla irraggiungibilità delle sue posizioni, almeno da parte di un gruppo armato con le caratteristiche del tempo. Dall'altro però era egualmente difficile sia per i membri del gruppo sia per i loro sostenitori, anche i più vicini come quelli di Campertogno, rifornirli del necessario per sopravvivere. C'era inoltre, ormai imbarazzante anche per i loro ospiti più leali, la crescita del loro numero, sicuramente sproporzionato per la disponibilità delle risorse locali. La scelta era in qualche modo obbligata: dalla richiesta di elemosina i dolciniani, con armi di fortuna, sassi e bastoni passarono ad azioni di rapina; prelevarono, sequestrarono ed espropriarono in tutta la valle sino a Varallo, capoluogo della Val Sesia, di cui tentarono addirittura il saccheggio. Alla fine la città riuscì ad evitarlo, ma lo scontro con la milizia locale fu un successo per dolciniani: caduti in una imboscata, gli uomini di Varallo furono sbaragliati. Molti di loro furono uccisi; altri furono risparmiati e fatti ostaggi in previsione di un riscatto. Tra questi ultimi lo stesso podestà di Varallo, della famiglia Brusati dei guelfi novaresi, che per ottenere la libertà fu costretto a dilapidare tutto il suo patrimonio.

Fu così che durante 1305 la Val Sesia divenne il campo di battaglia di due gruppi diversamente agguerriti. Se da un lato la presenza dei crociati avevano seminato desolazione e miseria, le scorribande dei dolciniani avevano contribuito non poco a fare della valle una *contrata derelicta*. Saccheggi e riscatti erano appena sufficienti a sostenere un gruppo che la condotta aggressiva aveva finito per compattare. Da parte loro i crociati, preso atto dell'impossibilità di prendere d'assalto la Parete Calva, avevano scelto la strada della "terra bruciata", cercando così di privare gli avversari delle occasioni di sostentamento. Una linea d'azione che aveva mostrato i suoi frutti specie a partire dalla fine del 1305 e poi nelle prime settimane del 1306, quando *in mense januarij per tredecim dies continuos fuit arduum et immensum frigus, magis quam aliquis recordaretur*[75]. La

---

[74] HISTORIA, p. 4, 31, riferisce di *quemdam montem diocesis Novarie, ubi dicitur ad Balmam*. Tuttavia il luogo esatto del campo dolciniano non è ancora stat identificato con certezza. ORDANO 1979, pp. 26-27.
[75] ORIOLI 1988, p. 249.

Val Sesia *derelicta,* Campertogno e gli alpeggi vicini abbondantemente dissanguati, per Dolcino e i suoi compagni continuare a resistere attorno Parete Calva era impensabile. La discesa a valle significava gettarsi tra le braccia dei soldati dell'Inquisizione e delle forze di Novara, che a Varallo attendevano la fine di un feroce inverno e la resa del nemico. Unica possibilità di fuga il territorio del Comune di Biella.

Il Comune Biella, dopo un passato di scontri con il vescovo di Vercelli suo diretto feudatario, nel 1303, quando a capo della diocesi vercellese era stato eletto Raniero Avogadro, gli si era sottomessa. Gli Avogadro, potente famiglia vercellese, controllavano *de facto* sia Biella, tramite la nomina di Raniero a vescovo di San Eusebio, sia Vercelli, con la presenza di Simone degli Avogadro di Collobiano capo della fazione guelfa. Biella e Vercelli venivano dunque a configurarsi come domini personali di un singolo clan familiare[76]. Nel complesso una situazione non favorevole per Dolcino e i suoi che però non avevano molte possibilità di scelta. Da qui la loro decisione di dirigersi verso il Biellese prendendo per il passo dei Fornei, una gola a poche miglia di distanza ad ovest dalla Parete Calva.

Il 9 marzo del 1306 i dolciniani abbandonarono la Parete Calva e attraversarono lo spartiacque tra la Val Sesia e la Val Sessera, in direzione sud[77]. Un percorso duro e difficile reso possibile solo dalla presenza di persone esperte che ben conoscevano i tracciati grazie alle attività pastorali che si svolgevano nella stessa zona nelle fasi centrali dell'anno. La meta era la sella di Stavello, il passo che metteva in comunicazione l'Alta Val Sessera con il territorio di Trivero, con la sella di Caulera, luogo anch'esso di storici passaggi di greggi e infine con la pianura biellese[78]. Di notte, col buio, Dolcino e i suoi *intraverunt diocesim vercellensem*: valicarono lo spartiacque tra le due valli e, affrontando la parte più difficile del percorso si avvicinarono a Stavello da nord durante le ore del mattino, le più gelide, precauzione resa probabilmente necessaria dal dover affrontare la marcia su superfici nevose o ghiacciate[79]. Le guide che facevano da apripista erano probabilmente

---

[76] Nel 1243 i Rettori del comune di Vercelli, Ruffino Avogadro e Ardizzone di Ivaco dei Biandrate, trattarono con il cardinale Gregorio di Montelongo, legato papale in Lombardia, il passaggio di Vercelli, che nel 1238-39 si era data un podestà di nomina imperiale, nella lega anti-imperiale. Il legato offrì la cessione dei beni del Vescovo di Vercelli al Comune, mentre il Comune si impegnava a versare novemila lire pavesi ed entrare nella lega. La trattative si conclusero con esito favorevole nella primavera del 1243, quando tuttavia sia la sede vescovile vercellese sia quella pontificia erano vacanti. Vercelli divenne padrona di una grande porzione di territorio, comprendente i centri abitati di Masserano, Mortigliengo, Curino, Crevacuore, Flecchia, Mosso, Bioglio, Andorno, Chiavazza, Ronco Biellese, Zumaglia, Moncrivello, Santhià, Cigliano, Uliaco, Miralda, Saluggia, Palazzolo, Casale Aquarti, Biella, Piazzo di Biella, Sandigliano, Ponderano, Gaglianico, Occhieppo Inferiore, Occhieppo Superiore, Camburzano, Graglia, Muzzano, Sordevolo, Pollone, Coggiola e Guardabosone. Il nuovo vescovo, Martino Avogadro, appena eletto si rifiutò di ratificare l'atto, aprendo un contenzioso tra vescovo e Comune che all'epoca della vicenda dolciniana non si era ancora concluso. Oltre a Biella anche Gattinara si dimostrava inquieta e, poco prima dell'arrivo dei dolciniani, aveva cacciato gli Arborio, i vassalli che amministravano il borgo per conto del comune. PANERO 1988, pp. 85-86.

[77] *Historia*, p. 5, 21-24; *montes magnos, vias inexcogitabiles fecerunt per loca difficillima et nives altissimas, noctis tempore intraverunt diocesim vercellensem*. Il territorio tra la Val Sesia e la Val Sessera non era tuttavia una landa desolata. Già nel 1230 minatori bresciani sfruttavano i giacimenti d'argento la Costiera Argentera per conto del Comune di Vercelli; in linea d'aria il Monte Rubello e Stavello distano da queste miniere nove chilometri circa. Dalla Parete Calva alla Bocchetta dei Fornei l'itinerario è facilmente ipotizzabile, in quanto la mulattiera che scavalca il passo era il tragitto più semplice e comodo per raggiungere la diocesi di Vercelli. A marzo la neve era ancora alta, *nives altissimas,* e le guide dei dolciniani utilizzarono alcune precauzioni per superare lo spartiacque e superare il profondo solco della Valsessera. Le *vias inexcogitabiles* dunque coincidono con la creste montuose che dal passo dei Fornei si spingono verso la dorsale del Monte Rubello e della Sella di Stavello; le vie di cresta rappresentavano in inverno le più sicure, anche se le meno battute e conosciute. I dolciniani in marcia rimasero molto alti sulle creste a nord del Sessera; per raggiungere la Sella di Stavello in queste condizioni, volendo evitare il difficile percorso di fondovalle, si seguiva il sentiero che sale dall'Alpe dei Lavaggi all'Alpe Campo e di qui ai guadi del Ponte della Babbiera. La parte finale del percorso fu quella che, superato il Torrente Sessera con il Ponte della Babbiera, struttura risalente al XVI secolo che con due robuste arcate in pietra scavalca il corso d'acqua, risale alla Sella di Stavello.

[78] *Stavelli,* e *Caulari,* come sono definite dalle fonti, alludono a *stabulum* e *caulae,* ossia all'ovile, il ricovero per le greggi.

[79] Partirono nel pomeriggio del 9 marzo; tenendo conto che un camminatore moderno compie il tragitto tra la Parete Calva e il Monte Rubello il circa 12 ore, i dolciniani giunsero verosimilmente sulla Sella di Stavello alle prime luci del 10 marzo.

equipaggiate con ramponi simili agli esemplari rinvenuti negli ultimi anni Cinquanta sul Monte Rubello, durante i lavori di rifacimento del Santuario di San Bernardo[80].

In Valsesia oltre la neve e il silenzio, rimasero, sotto le bastionate della Parete Calva più di quattrocento dolciniani, uccisi negli scontri o impossibilitati a muoversi a causa di malattie e inedia[81].

Sul Monte Rubello

Fuggiti dalla Val Sesia con dentro le bisacce solo un po' di carne secca (*nulla victualia habebant, nisi forte quedam frustra carnium et huismodi, quas secum tulerant*), dall'alto della Sella di Stavello (1205 m) ai dolciniani erano apparse, invitanti, chiese, abitazioni e vie di transito del sottostante (739 m.) centro abitato di Trivero. E Trivero fu il primo villaggio che "visitarono". Una visita annunciata e forse preparata con la collaborazione di alcuni dei suoi abitanti. Troppi particolari di quel giorno e degli eventi a seguire suggeriscono una complicità triverese. I *Gazzari*, giunti nel borgo di prima mattina, senza che i triveresi ne avvertissero la presenza (*de quo homines Triverii nullatenus advertebant*), per prima cosa avevano spogliato la chiesa dei suoi beni più preziosi (*spoliaverunt ecclesiam Triverii exportando calices libro et alia bona*) per passare in un secondo tempo a diverse abitazioni (*derobaverunt alias domos quamplurimas de Triverio*) a cui avevano aggiunto la cattura di prigionieri (*captivando quoque personas dicti loci*). Infine, dopo aver radunato cose e persone, avevano riguadagnato il monte Rubello che - aggiungeva il cronista dell'*Historia* sottolineando così, già a pochi anni di distanza dai fatti, l'avvenuta identificazione tra il luogo e i suoi nuovi abitanti - *nunc dicitur mons Gazzarorum sive fratris Dulcini*. Durante tutta l'azione gli *homines Triverii, tamquam stupefacti* se ne erano rimasti a letto; quelli almeno che non erano stati scelti come ostaggi. Senza neppure un cenno di difesa (*nullam defensionem fecerunt*), avevano permesso ai dolciniani di andarsene indisturbati, senza inseguirli - *sine aliqua insecutione redire permiserunt*.

Così come tramandata dal cronista sembra, più di un saccheggio indiscriminato, una azione di esproprio frutto di qualche precedente contatto tra la comunità eretica ed una parte degli abitanti di Trivero; quelli che durante le ruberie e i sequestri se ne erano appunto rimasti zitti nelle loro case e a letto (*in lectis existentes*). In ogni caso, da parte dei dolcinani, non ci furono uccisioni e si fecero prigionieri in previsione della ormai consueto riscatto in cambio di vettovaglie di vario genere, come del resto avevano messo in pratica durante l'anno precedente, in val Sesia. I morti, però, ci furono e tutti nel campo dolciniano. A farli furono *iuvenes* della vicina comunità di Mosso. Mentre il grosso dei dolciniani stava riguadagnando le posizioni di partenza, questi avevano sorpreso un gruppo lasciato indietro, *in insidiis ad obviandum et providendum, ne aliqui eos offendere possent*, e avevano uccisi 34 *de melioribus ipsorum hereticorum* aiutati in ciò da altri di Trivero. Gli uomini di Dolcino caddero in una trappola: diversamente non sarebbe spiegabile come i locali non avessero avuto alcuna perdita. I mossesi, avvisati probabilmente dai triveresi contrari a quelli che erano rimasti a letto fingendo di non sentire nulla, si erano avvicinati alla retroguardia dolciniana - non gente qualsiasi ma *de melioribus* - che non si aspettava di essere attaccata perché li aveva scambiati con gli altri che sapeva solidali. Li aveva colpiti a freddo, di sorpresa; furono i mossesi a far

---

[80] Si tratta di staffe rettangolari di ferro forgiato, dotati di quattro punte angolari oblique. Sul lato corto un montante arcuato consentiva di bloccare con legacci il rampone al piede. Se da un lato consentiva una buona presa con la pianta, non era permesso l'utilizzo della punta, espediente questo che fu adottato solamente alla fine del XIX secolo.

[81] HISTORIA, p. 5, 19-21; *fame et miseria multi ex eis moriebantur. [...] relictis in dicto monte personis debilioribus.* Cosa sia stato di loro è facilmente ipotizzabile, dal momento che nessun processo risulta essere stato promosso contro prigionieri fatti alla Parete Calva e Campertogno nel marzo del 1306; furono tutti passati a fil di spada, troppo era costata alle forze dell'inquisizione e del comune di Novara quei due anni di guerriglia alpina perché potesse essere accordata mercè ai dolciniani presi. Molti di loro, poi, erano di Campertogno, valsesiani ribelli. Circa 400 furono i dolciniani che persero la vita tra il 1305 ed il 1306. Nel 1305 l'*Historia* (p. 4, 43: p. 5, 26-27) ci informa che essi erano sulla Parete Calva *mille quatorcentum et ultra*. Durante la marcia di trasferimento nel biellese ne erano presenti ancora, *ut de communi opinione circustantium et relatione ipsorum, [...] mille et ultra*.

scorrere il primo sangue. Non sarà dunque per caso se Mosso, nei mesi successivi, doveva essere scelta dal vescovo di Vercelli come base operativa contro i dolciniani. La determinazione nell'uccidere, che somigliava piuttosto ad una esecuzione, e l'elevato numero dei morti erano un messaggio inequivocabile: Dolcino e i suoi non avrebbero avuto vita facile e neppure il possesso di ostaggi li avrebbe messi al riparo da ritorsioni cruente.

I 34 uccisi modificarono i termini dello scontro così come si era svolto sino a quel momento e convinsero Dolcino a mantenere il suo campo sui monti dai quali era appena disceso. Lassù infatti cominciò ad allestire la sua base: i ricoveri necessari per circa un migliaio di persone, i magazzini per il cibo, i luoghi dove custodire i prigionieri. Una presenza inquietante per i locali - *stupefacti e perterriti* - e specialmente per Raniero Avogadro, vescovo di Vercelli, che da quel momento doveva diventare il principale protagonista della lotta contro Dolcino. Zio di Simone Avogadro di Collobiano da tre anni al governo della città di Vercelli, Raniero era asceso al soglio vescovile nel 1303 in coincidenza con la cacciata da Vercelli della fazione ghibellina[82]. Settanta anni compiuti, determinato a conquistare il favore del nuovo papa Clemente V, Raniero capì di avere di fronte l'occasione attesa da tempo e decise l'attacco. Dolcino e i suoi erano al freddo (*in nivibus altissimis collocati*) e alla fame (*non habebant victualia*) e Raniero decise all'istante di snidarli inviando contro di loro *gentese de terris suis* convinto di poterne avere facilmente ragione. A favore della sua convinzione c'erano quei 34 così facilmente uccisi dai mossesi e le condizioni impossibili in cui si trovava Dolcino, in pieno inverno su una vetta innevata.

Il calcolo di Raniero si rivelò sbagliato: con la forza della disperazione, *videntes se quasi mortuos,* i dolciniani avevano respinto *cum armis et lapidibus* l'attacco uccidendo molti uomini del vescovo, catturandone altrettanti e ottenendo - grazie ai riscatti che ne erano seguiti - abbondanti viveri. Non era rimasto un episodio isolato: il vescovo aveva dovuto infatti constatare che, dopo che i suoi soldati erano stati respinti, non era passata settimana senza che i dolciniani si mostrassero pronti *ut possent personas et bona fidelium rapere et predari*. Con l'avvicinarsi della stagione più favorevole, essi avevano anche messo mano ai lavori di fortificazione del monte dove tra l'altro avevano captato una fonte d'acqua il cui camminamento d'accesso avevano reso sicuro coprendolo di massi e terra. Nel giro di poche settimane il monte si era trasformato in un luogo ben fortificato la cui espugnazione sarebbe stata quanto mai difficile (*nec aliquem hominem timebant*) e il cui unico punto debole era la necessità di rifornirlo di vettovaglie (*dummodo tamen haberent victualia*). Proprio per contrastare le pratiche estorsive dei dolciniani e per impedirgli di rifornirsi di cibo e armi Raniero aveva deciso di mantenere in Mosso un *exercitum magnum de hominibus electis*, convinto che presto il tempo gli avrebbe dato ragione.

Il piano di Raniero sembrò ottenere successo quando, nei primi giorni di maggio, lassù sul Rubello, alla presenza di alcuni dei suoi ostaggi, Dolcino manifestò pubblicamente il suo desiderio di abbandonare il monte per ritirarsi in luoghi più favorevoli. Alla presenza dei prigionieri, Dolcino stesso si era messo in cammino uscendo *cum magna comitiva* da una delle porte del campo. I pochi dei suoi che erano rimasti avevano convinto i carcerati delle loro buone intenzioni e, dichiarandosi pentiti di quanto gli avevano inflitto, avevano detto "andate dai capitani e dall'esercito del vescovo che si trovano in Mosso e ditegli che noi intendiamo abbandonare il monte e il campo (*montem et castrum*); non abbiamo da mangiare e non vogliamo restare più qui". Grazie a questa *licentia* i carcerati erano scesi a Mosso e avevano riferito. Era notte quando da Mosso gli uomini del vescovo avevano risalito la montagna arrivando attorno alla sommità del Rubello. Pioveva, c'era freddo e a un certo punto s'era anche messo a grandinare. Al momento di entrare nel fortilizio, temendo una

---

[82] BORELLO 1933 pp. 15-17, GUASCO 1911. Trivero, nel 1306, godeva di una larga autonomia tutelata dal Comune di Vercelli. Il controllo e la gestione della comunità triverese era però da tempo rivendicata dall'episcopato. Nel 1313 infine Trivero sarà ceduto dal Comune al vescovo, Umberto Avogadro, nipote di Raniero. Biella e i suoi consoli, nel maggio del 1304, avevano fatto a Raniero Avogadro formale consegna formale consegna dei feudi già appartenuti alla Chiesa e all'episcopato vercellese.

sorpresa, nessuno aveva osato penetrarvi all'interno e in attesa di una situazione più clemente avevano deciso di ridiscendere verso Mosso. Allora, dai luoghi dover si erano nascosti, Dolcino e i suoi li avevano assaliti. Alla fine del combattimento molti uomini del vescovo erano stati uccisi e altri catturati. Ancora una volta l'inevitabile pagamento dei riscatti con l'afflusso di viveri di ogni tipo aveva risolto sia pure temporaneamente le difficoltà dei dolciniani, rovesciando una situazione che era apparsa compromessa in modo definitivo.

L'assedio

Si imponevano soluzioni radicali e Raniero non si tirò indietro. D'accordo con i suoi *capitanei, nobiles* e *boni homines*, inviò a Clemente V una completa descrizione dei fatti avvenuti sino ad allora. Clemente, da parte sua, *gratiose concessit suas indulgentias plenarias* sia a coloro che fossero andati personalmente ad espugnare il campo degli eretici sia a quanti fossero stati disposti a versare *stipendia debita* ai mercenari (*persone pugnare volenti per mensem*) reclutati per lo stesso fine. Raniero fece conoscere al circostante mondo cristiano - *ubique publicari fecit* - le lettere pontificie e diede inizio, nel corso del mese di giugno del 1306, ad una nuova fase della guerra contro Dolcino. L'estate che nel frattempo era sopraggiunta doveva assicurare le condizioni favorevoli all'attuazione piano di Raniero, riassumibile con una sola parola: assedio. Se i dolciniani avevano trasformato il Rubello in una fortezza imprendibile e piena di trabocchetti le armate del vescovo lo avrebbero assediato impedendo agli abitanti di uscirne per continuare le loro scorrerie e rifornirsi di viveri per la loro sopravvivenza. Sarebbe stata solo una questione di settimane e poi sarebbe sopraggiunta la resa. Per questo, su una delle vette del Massaro (1402 m) - *a parte opposita dicti montis Rebelli* - a portata di tiro di due *machinae* di proprietà del Comune di Vercelli che contemporaneamente vi erano state trasportate, venne attrezzata una *bastitam fortissimam et pulcherrimam* nella quale sin dall'inizio trovarono posto oltre 1200 armati agli ordini dei capitani del vescovo. Da lì, giorno notte, le *machinae* lanciavano i loro proiettili sopra gli eretici del Rubello, infliggendo danni alle persone e alle cose. Anche il Comune di Vercelli, grazie al denaro proveniente dalle indulgenze papali, costruì una bastita. Fu eretta, con il lavoro degli abitanti provenienti dalle *villis circumstantibus* sulla via che conduceva alla Sella di Stavello. Indicata in altri documenti dell'epoca come *bastita Triverii*, ubicata sul monte Tirlo a quota 1303 m, militarmente alle dipendenze del comune di Vercelli, aveva, oltre a presidiare la via che dal Rubello scendeva in Val Sessera, una funzione di sostegno della precedente: *gentes utriusque bastite sese, cum expediebat, adiuvabant et sibi, cum expediebat, succurrebant*.

Alla fine di giugno del 1306 le bastite era ormai attrezzate e operanti e rigurgitavano di uomini - *exercitus*, nelle parole del cronista - soldati veri e tra questi anche 400 balestrieri. Due i comandi: il vescovo da cui dipendevano quelli del Massaro e il podestà di Vercelli che sovrintendeva a quelli del Tirlo. Proprio il vescovo, probabilmente attorno alla metà di luglio, si era portato lassù, nelle vicinanze del campo nemico a confortare i suoi, il podestà di Vercelli e gli uomini *utriusque exercitus*. Un *grande spectaculum* di soldati giunti dai luoghi più remoti per il soldo e la fede ad uso dei *i pessimi Gazzari* che vi avevano assistito *perterriti* dalle loro trincee. Una giornata straordinaria dove, alla presenza di Raniero, doveva essere completato il piano d'assedio decidendo la costruzione di una nuova bastita *super quodam alio monte apud Sellam Stavelli*. Proprio mentre i *fideles*, cioè il vescovo e i suoi salivano verso la Sella di Stavello, là dove la Sella si apre in un pianoro (*ubi est iter satis pulchrum et planum*), era accaduto l'incredibile: erano stati attaccati e respinti con perdite. *Ipsi perniciosi Gazzari fuerunt desuper et irruerunt in dictas gentes fidelium*. C'erano stati morti da entrambe le parti, feriti ed era corso tanto sangue che erano diventate rosse persino le acque del fiume (*qui postea appellatus fuit rivus Carnaschus eo quod aqua illius fluminis erat rubra velut sanguis propter corpora interfectorum et vulneratorum, que proiecta fuerunt in dicto flumine*). Così nel giro di poche ore la giornata che avrebbe dovuto precedere sia pur di poco il trionfo definitivo si era trasformata in una sconfitta cocente. Capitani ed esercito del Vescovo e del Comune si erano ritirati in basso, verso Mosso, Trivero e Crevacuore. Vicini al Rubello erano rimasti solo gli uomini difesi nelle bastite del Tirlo e del Massaro. Quanti ai dolciniani, i *pestiferi canes* avevano completato la sortita mettendo loro presidi su sei *montibus* dei dintorni, punti notevoli utili a controllare il territorio attorno al Rubello, compresa la *Sella Caularia* dove, non a caso, durante l'ultimo scontro, avevano ucciso i 5 vescovili tutti di Crevacuore che lo presidiavano. Nei giorni successivi ognuno di questi posti era stato da loro attrezzato per la difesa. Luglio, che doveva essere il mese dell'assedio e della vittoria era stato invece per Raniero quello della sconfitta. Ancora più drammatica perché i vescovili oltre a perdere il controllo del territorio attorno al Rubello e quindi veder fallire l'assedio dovettero tornare a misurarsi con le azioni improvvise che, *quandocumque opportunitas eis aderat*, i dolciniani intraprendevano contro persone e beni dei luoghi sottostanti. A peggiorare le cose anche il morale degli uomini del vescovo era stato minato dalle loro recenti sconfitte, che ebbero il potere di aumentare la leggenda attorno a Dolcino a cui la voce pubblica cominciò ad attribuire capacità magiche[83].

Difficile stabilire se il 26 agosto 1306 quando Clemente V dalla sede pontificia di Bordeaux inviava tre lettere, la prima all'ordine dei Predicatori, inquisitori degli eretici in Lombardia, la seconda al Vescovo di Milano e ai suoi suffraganei per il diffondersi dell'eresia dolciniana in Lombardia, la terza a Ludovico di Vaud, fratello di Amedeo V conte di Savoia, perché fornisse ogni tipo di sostegno alla iniziativa degli inquisitori, gli era già pervenuta la notizia della sconfitta delle truppe di Rainero. Se anche non fosse stato così, il loro testo non sarebbe stato molto diverso. Le lettere sottolineavano la fase di stallo che dopo i successi del 1303 aveva incontrato la repressione inquisitoriale. E ciò era avvenuto perché il popolo di Dolcino si era armato e aveva combattuto. Un fatto clamoroso e intollerabile di cui Clemente aveva acutamente colto i risvolti invitando i destinatari delle sue lettere a fare quanto era in loro possesso perché rapidamente isolassero in ogni modo, con le armi e i processi, il diffondersi della ribellione.

La battaglia finale

Era quello che, sia pure in un contesto diverso e per fronteggiare i recenti sviluppi dello scontro, si accingeva a fare anche il vescovo Raniero. Dopo che la sua scelta militare a lungo progettata - l'assedio utilizzando come punti d'appoggio le giogaie dei monti attorno al Rubello - era stata sconfitta, il vescovo scelse un nuovo campo di operazioni più facile militarmente da controllare anche se socialmente più arduo. Esso prevedeva infatti lo sconvolgimento delle attività della popolazione locale, in molti casi costretta a trasferirsi abbandonando luoghi di abitazione e di lavoro. L'azione, indirizzata a fare terra bruciata attorno a quelli del Rubello, è presentata dal cronista della *Historia Fratris Dulcini Heresiarche* come la conseguenza naturale delle malefatte di cui, gli uomini di costui, si macchiarono nei mesi successivi dell'inverno tra il 1306 e il 1307. Una lunga serie di gesti abominevoli: gente lasciata morire di fame nei loro carcere, donne amputate del naso, o delle labbra o delle mammelle o dei piedi; uomini e bambini posti sulla forca. E poi gli attacchi ai paesi con furti e distruzioni: Mosso, Trivero, Flecchia, molti cantoni di Crevacuore, molte case di Mortiliano e Quorino. E così ancora i beni delle chiese, gli arredi sacri, la distruzione di campane e dello stesso campanile di Trivero, dell'altare di Mosso e del suo campanile. Una tale strage di uomini, di mutilazioni di membra, di distruzione di luoghi, di rapine che - annotava il cronista - *calamus deficeret in scribendo, priusquam possent tot et tanta mala per eos commissa et perpetrata singulariter enarrari*. Di ciò erano responsabili *tam mulieres quam viri* perché *sepissime*

---

[83] GUIDO DA PISA; *Montes vero in quibus habitabat diabolica custodia per artem magicam sic munivit, quod nullus vivens terminos ad ipso positos modo aliquo poterat pertransire. Pecunia autem quem suis stipendiariis dabat aurea apparebat infra terminos montium predictorum, sed, si quis vellet ab eo recedere, statim quod terminos suos transivit, non de ureo, sed corio illa pecunia videbatur. Multos exercitos contra se venientes per artem magicam de suis terminis effugavit.*

mulieres vestimenta et arma virilia ferebant e anche per ciò *maior ipsorum exercitus appareret isque potius timeretur*.

Una così drammatica rassegna di nefandezze precede forse non casualmente, nel racconto del cronista, all'annuncio - una spiegazione se non la giustificazione - del definitivo abbandono da parte degli uomini del vescovo e del podestà delle due rispettive bastite sopravvissute alla controffensiva dolciniana dell'estate. I primi a levare le tende erano stati gli uomini del podestà di Vercelli, improvvisamente e senza pianificare i loro movimenti con gli altri contingenti presenti in zona, e dopo aver dato fuoco ai loro ricoveri, se ne erano andati una notte di dicembre del 1306. Subito dopo anche gli uomini del vescovo che si trovavano nella bastita sul Massaro ancora in numero di 700. Isolati e assediati dai dolciniani tanto che *nullus volebat succurrere eis nec accedere ad eosdem sine magno periculo personarum suarum,* erano scesi a valle. C'erano riusciti *divina gratia eos protegente* e grazie specialmente alle guide che inviate dal vescovo li avevano condotti *per cacumina montium ubi erant nives* fino a Mosso. Con la loro partenza il Rubello e tutte le vette e le selle circostanti erano rimaste sotto il controllo dei dolciniani; la montagna però era sotto una spessa coltre di neve e le condizioni di sopravvivenza si erano fatte durissime.

Ebbe inizio allora la fase finale dello scontro tra Raniero e Dolcino; sul finire del 1306 Raniero decise la costruzione di 5 bastite, nel territorio di Mosso, sul monte Rovella, nel territorio di Mortiliano, in certe "ville" sottoposte alla diocesi e ancora sui monti di Quorino. Cinque luoghi fortificati al di là dei quali si dovevano mettere al riparo i "cristiani" che avevano abbandonato i paesi. Oltre a queste cinque bastite, e senza badare a spese, *castra sua et fortalicia fecit melius solito muniri et custodiri.* Allo stesso modo furono posto sotto un duro controllo militare *passus, vias et itinera* così che nessun aiuto di alcun tipo potesse raggiungere i dolciniani. Il cordone sanitario che Raniero pose intorno al Rubello ridusse i dolciniani alla fame, portandoli ad un punto di rottura. Con la fame e le privazioni iniziarono le fughe dalla montagna, come Giovanni Gerardini, e Giovanni da Lucca che riuscirono ad uscire dalla sacca ma non ad evitare il rogo[84]. Le *bannerie* dei nuovi contingenti *crucesignati* giunti a partecipare alla crociata contro gli eretici facevano buona guardia, controllando tutte le vie di avvicinamento e appoggiandosi alle fortificazioni realizzate allo scopo di servire come osservatori protetti. Scontri con i dolciniani ne avvenivano ancora e accadeva che *mortuo aliquo ipsorum Gazzarorum in bello*[85]. La maggior parte dei nuovi arrivati proveniva dalla Savoia, da Vienne, dalla Provenza e dalla Francia propriamente detta[86]. Appartenevano tutti, o sentivano di appartenere, ad un ceppo linguistico e culturale diverso

---

[84] ACTA SANCTI OFFICII BONONIE; l'eretico bolognese che *ivit ad dictum Dolcinum in monte et ibi cum eo fuit et stetit sexdecim mensibus, seguendo vitam, modum, fidem et septam dicti Dolcini [...] et preliando contra eos qui dictum Dolcinum mandato sedis apostolice ac sancte romane ecclesie obsidebant.* Giovanni riuscì a fuggire dal Monte Rubello, non è chiaro se durante l'assedio o nelle fasi conclusive della battaglia di Stavello nel marzo del 1307. Comunque sia uno dei pochi sopravvisuti del Rubello fu processato e condannato al rogo il 6 luglio 1308 dagli inquisitori di Bologna. *Johannes sive Vanni de Luca*, personaggio riconosciuto avere *magnam conversationem et familiaritatem habuerat cum Dolcino stante in monte cum eo et ei credendo,* è nelle carceri fiorentine nel 1325. DAVIDSOHN 1968-1970, pp. 171-174.
[85] *Supra,* nota 7. Il riferimento è piuttosto chiaro; anche durante i tre mesi di blocco del Rubello avvennero scontri tra le forze del vescovo e gli eretici. I dolciniani continuarono per forza di cose a cercare viveri per prolungare la resistenza sui monti, attività contrastata dagli avversari. In questa fase è probabile che i villaggi citati dall'*Historia* furono evacuati non tanto per un preciso ordine del vescovo Raniero quanto proprio per una necessità di sfuggire ai combattimenti che proseguivano sul territorio di Trivero.
[86] *Multi crucesignati venerunt no solum de terris Lombardiae, quae vocabatur Gallia cisalpina, sed etiam de Gallia transalpina, sicut de Vienna, Sabaudia, Provincia, et Francia, quae crux praedicabatur ubique contra eos.* BENVENUTI RAMBALDIS DE IMOLA, p. 360-361. La provenienza di questi crociati implica qualche considerazione. Scontata la presenza dei vercellesi e novaresi (*de terris Lombardiae*), i contingenti della *Gallia transalpina* giunsero da un'area ben precisa, localizzabile con i territori immediatamente ad ovest delle Alpi, dove appunto si trovano Vienne, la Savoia, la Provenza e i primi domini del Regno di Francia all'epoca in espansione anche nel sudest; tutti territori sottoposti ai conti di Savoia o al Re di Francia, personaggi che avevano tutti gli interessi ad appoggiare il papa. Nelle lettere del pontefice Clemente V sono chiamati in causa il conte Amedeo V di Savoia e il fratello Lodovico I del Vaud, i cui possedimenti andavano dal centro della Svizzera sino alla città di Lione, ben collegati alla corte pontificia e a quella francese. Sebbene non fossero (ancora) loro le terre sulle quali Dolcino si muoveva, ben note erano le mire espansionistiche dei conti e troppo importanti i favori che potevano giungere dal pontefice ora insediatosi in territorio francese, assai più vicino che non Roma, perché Amedeo e Lodovico non agissero, anche minimamente, a favore di questa crociata.

dalle terre *Lombardiae*[87] nelle quali erano giunti vestendo la croce per combattere l'eretico, il *gazzaro*, il cataro dunque. Sentivano che stavano compiendo le stesse gesta che i loro antenati avevano compiuto quasi un secolo prima nel sud della Francia, quando a recare il gonfalone con la croce non era un oscuro vescovo di una città della *Lombardia* ma il celebre Simone di Monfort, conte di Leicester[88] e, perché no, si erano aggregati anche a causa di un mal celato desiderio di rapina nei confronti di una comunità di eretici che già si vociferava nascondesse grandi quantità di tesori; *nam habebant magnam copiam pecuniarum*[89].

Abbandonati i paesi dagli uomini e dal bestiame i dolciniani avevano passato tre mesi, dalla fine del dicembre del 1306 al marzo del 1307 in condizioni terribili. Molti erano morti di fame e si diceva che i sopravvissuti si erano cibati delle carne dei compagni morti. Era precisamente quello che Raniero aveva atteso: il momento del colpo di grazia e di *temptare fortunam*. Specialmente bisognava evitare che l'avvento di una stagione più mite di nuovo permettesse ai *canes pestiferi* di raccogliere le loro ultime forze. Non si sa quanto spontaneamente, ma le comunità di Mosso e quella di Trivero fecero i loro voti per una vittoriosa conclusione dello scontro. I primi giurarono di celebrare sempre con solennità il giovedì santo della cena del Signore, i secondi invece il venerdì. Mentre Trivero e Mosso invocavano Dio e la Beata Vergine, Raniero auspicava l'intervento di Sant'Eusebio, che maggior richiamo aveva sui combattenti vercellesi, e di tutti i santi[90]. Agli inizi di marzo Raniero *ordinavit exercitum generalem in tota sua terra contra perfidos Gazzaros*. L'attacco portato nei giorni della settimana santa vide gli uomini del vescovo riconquistare una ad una le posizioni abbandonate nell'estate precedente e poi in dicembre. Giovedì 23 marzo fu il giorno degli ultimi fuochi: i soldati di Raniero conquistarono la bastita di Stavello e per tutto il giorno combatterono nella piana omonima contro i dolciniani. Di fronte avevano uomini e donne debilitati e affranti. Più di uno scontro si trattò probabilmente di una cattura; più *captio* - come suggerisce lo stesso Gui - che *bellum*. La maggior parte dei dolcinani - 1000 secondo l'autore della Histroia, 400 secondo Berarndo Gui - furono catturati e uccisi e, per essersi presi gioco a suo tempo del padre e della fede cattolica, gli fu data una morte *crudelissima* e *turpissima*. Di nuovo l'acqua del Carnascho fu rossa per il sangue dei morti ma questa volta, al contrario dell'estate del 1306, ciò avvenne a causa del sangue degli "infedeli". Altri 150 tra cui Dolcino, Margherita e Longino furono fatti prigionieri. F*ortalicia et castra... combusta derupta et dissipata... ipsa die*, l'armata vescovile rientrò a Mosso e Raniero ne trasse *tantam letitiam... quod vix posset lingua exprimere et calamus denotare*. Clemente V ne ebbe notizia il 15 aprile e lo stesso giorno la comunicò a Filippo re di Francia. E perché Filippo potesse appieno conoscere *modum et formam sub quibus dictae strages et captio processerunt et ad exultationis tuae gaudium ampliandum* Clemente gli aveva inviato copie delle lettere ricevute dal vescovo Raniero e da Simone di Collobiano. Per i prigionieri e i loro capi in particolare erano seguiti, orribili, la custodia per tre mesi nelle carceri vescovili e la tortura; poi la condotta in giudizio e ancora altre più terribili torture concluse dal rogo. Longino e Margherita furono bruciati a Biella alla presenza di Dolcino. Ciò che rimaneva di Dolcino dopo che aveva subito le più atroci amputazioni, fu bruciato a Vercelli e le ceneri disperse. Benvenuto da Imola, al

---

[87] Nel XIII e XIV secolo con questo termine si indicava in nord Italia.
[88] Simone di Monfort (1160 (?) – 1218), uno degli eroi della IV Crociata, durante la quale si era rifiutato di assediare Costantinopoli ma aveva proseguito per la Terra Santa dove aveva combattuto per oltre un anno, nel settembre 1209 fu posto a capo della crociata contro i catari e i signori di Tolosa. Intraprese la crociata con appena 26 cavalieri armati con i quali intraprese la conquista della Linguadoca, completata entro 1215. Il 12 settembre 1213 sui campi di Muret Simone fu in grado di sconfiggere ed uccidere in battaglia anche il Re di Aragona, Pietro II.
[89] BENVENUTI RAMBALDIS DE IMOLA, p. 361. La leggenda di un tesoro favoloso nascosto sul Monte Rubello, o sulla Parete Calva, è ancora oggi raccontata (e ritenuta vera!) dagli abitanti delle valli Sessera e Sesia. BOCCA 1993, p. 51.
[90] HISTORIA, p. 11; *Homines igitur communitatis Moxi, ut possent obtinere victoriam contra maledictos Gazzaros et defendere ac servare fidem christianam, fecerunt voto deo et beate Marie virgini, quod semper celebrarent solempniter festum die iovis sancta, qui dicitur Cena Domini. Et homines Triverii fecerunt pariter votum, prout supra, quod semper celebrarent solempniter festum in Parasceve ob reverentiam passionis Iesu Christi. [...] Et ideo confisus de divina clementia ac subsidio beati Eusebii et omnium sanctorum [...]*.

quale si deve la descrizione più dettagliata del supplizio, scrisse; *Poterat martyr dici, si poena faceret martyrium, non voluntas* [91].

---

[91] BENVENUTI RAMBALDIS DE IMOLA, p. 361; *cum tenaculis ignitis carnes et spoliantibus usque ad ossa, fuit crudeliter laceratus, et ductus vicatim per civitatem. Et quod notatum fuit a videntibus, et est mirabile dictu, inter tot et tam amara tormenta dicitur numquam mutasse faciem, nisi semel in amputatione nasi, quia strinxit parum spatulas; et in amputatione virilis membri juxta portam civitatis, quae dicitur Picta, ubi traxit magnum suspirium contractione narium.*

CAPITOLO 2

I resti archeologici dell'assedio del Monte Rubello

La roccaforte dei Dolciniani; il monte Rubello e la Sella di Stavello.

Alto 1408 metri, il monte Rubello si trova grosso modo a metà strada fra Gattinara e Biella. Da un punto di vista strettamente geografico la vetta, con la sua caratteristica sagoma piramidale, domina a 360° il territorio circostante: solo il gruppo del Massaro (la cui vetta principale raggiunge i 1414 metri) ostacola la visuale verso Occidente. A Oriente, in posizione più bassa, si trovano la sella di Stavello (1205 m), i monti Tirlo (1303 m.), e Civetta (1128 m). Ai piedi di questo sistema montuoso orientato da Sud Ovest a Nord Est si estendono le colline biellesi e numerosi centri abitati tra cui Trivero, Mosso e Coggiola. Seguendo in direzione Ovest la valle del torrente Strona in direzione Sud si può giungere sino alle porte di Biella o arrivare a Bioglio, mentre a Oriente la Val Sessera funge da lungo corridoio in direzione di Gattinara e del corso del Sesia.

Secondo l'*Historia* i dolciniani avevano costruito sulla vetta del Rubello *fortalicium magnum et domos multas*[92]. La sommità di questo, simile ad un ellisse avente l'asse maggiore di 50 m. e il minore di 25, presentava ancora intorno al 1930 i resti di un doppio fossato che intagliava parte della vetta, isolando l'area sommitale a nord, ovest e sud. Un'area piuttosto limitata, utile più a funzionare da serraglio, ricordando molto da vicino il *carcere* nel quale Dolcino faceva rinchiudere gli ostaggi. Il fossato serviva a garantire una maggiore difendibilità di fortificazioni che erano realizzate con riporti di terra e muri a secco, mancanti per forza di cose di imponenti slanci verticali. Il *fortalicium* funzionava anche da rifugio dove raccogliersi in caso di attacco e di abbandono della piana di Stavello scelta invece per insediarsi. La stessa ripidezza del monte era una delle migliori difese passive; i sentieri erano ben visibili e vigilati, facilmente controllabili anche da pochi uomini. Come una corona, una teoria di salti rocciosi e pareti a picco circondava le vetta e, su queste posizioni, si trovava il fulcro delle difese. I varchi tra le difese naturali furono colmati da muri a secco, un esempio dei quali è visibile sul versante nord. Due speroni di roccia si fiancheggiano, circondando come due alti bastioni quello che sembra essere una comunicazione tra la fortificazione sommitale e l'esterno. Sul fondo di questa gola – la pendenza del terreno supera il 10% - un muro a secco, lungo non oltre i tre metri ma alto due, interrompe il passaggio, e solo un esposto sentiero, facilmente controllabile e in grado di essere interrotto con estrema facilità, permette di proseguire verso la vetta poco lontana.

Il settore che meglio si offriva ad accogliere l'insediamento dolciniano era la parte inferiore del versante orientale del monte Rubello e la conseguente porzione Sud orientale della sella di Stavello che, posta a 1205 metri di quota, tra il Rubello e il Tirlo, aveva le caratteristiche necessarie. Prima dei grandi lavori di sterro del secondo dopoguerra la sella era lunga circa 500 metri e aveva una larghezza variabile tra i 70 e i 20 metri. Fu questa piana che, nella primavera del 1306, accolse su una superficie utile di circa tre ettari, circa un migliaio di persone[93]. Il passo è qui più largo che altrove e il fianco del monte meno aspro e roccioso mentre la vetta del monte Rubello, che fu poi

---

[92] HISTORIA, p. 6, 9; *Super ipso autem monte fortalitium magnum et domos multas fecerunt.*

[93] Un esempio di abitato in quota è dato dal villaggio e dal castello di Montségur, assediato dal 1243 al 1244 durante la Crociata contro gli Albigesi. L'abitato, situato a 1207 metri di quota, era disposto su un'altipiano lungo 700 metri e largo mediamente 150. In quest'area erano presenti costruzioni destinate ad ospitare oltre 400 persone. Gran parte di queste furono ammassate nel recinto del castello, non propriamente nelle migliori condizioni di abitabilità, che occupava un'area di 70 metri per 20. OLDENBOURG 1990, pp. 275-277, 296-310; PALADILHE 1969, p. 232.

fortificata, proteggeva qualsiasi provenienza dal vicino monte Massaro. Particolare importante, era questo il versante che per primo coglieva i raggi del sole dalla mattina, godendone dei benefici sino al pomeriggio inoltrato.

C'era anche l'acqua; *Fodierunt quemdam fontem* che si trovava all'incirca a un miglio dal *fortalicium*; la sistemarono alla maniera di un pozzo (*ad modum unius putei*), la coprirono con grandi pietre e *fecerunt iter sub terra,* dalla cima del monte sino alla fonte[94]. Le fonti, che in epoca moderna furono convogliate in cisterne e acquedotti per utilizzi agricoli, si trovavano sul versante meridionale del Rubello. La più vicina alla vetta, oggi inglobata in una moderna vasca di captazione, si trova a 1277 metri, oltre cento metri più in basso rispetto alla sommità del monte, ma ad una quota superiore a Stavello. La seconda, assai più copiosa, comunemente conosciuta come *Le tre pisse*, posta a 1175 metri di quota, è ancora oggi la fonte d'acqua più ricca della zona. L'acqua da essa scaturita ha inciso il versante della cresta scavando un largo e profondo canale che, in seguito alle vicende di quegli anni, fu poi conosciuto come il *canale del Carnasco*. Ragioni di carattere tattico suggeriscono che la fonte "fortificata" sia quella di quota 1277, più vicina alla vetta del Rubello, anche se *le tre pisse* sembrano distare proprio quel *unum milliare vel circa* dalla sommità del monte. La fonte venne coperta, probabilmente anche in seguito allo scavo del bacino con cui si intendeva raccoglierla in quantità significativa. L'*iter sub terra* consisteva in un *cammino coperto*, un passaggio protetto che dalla fortificazione dal ridotto presente sulla sommità del monte scendeva sino alla fonte[95].

---

[94] HISTORIA, p. 6, 9-13; *[...] fodierunt quemdam fontem, qui erat in medio montis longe a fortalicio predicto unum milliare vel circa et ipsum ordinaverunt ad modum unius putei et ipsum cum lapidibus magnis cooperuerunt et fecerunt iter sub terra a cacumine montis predicti usque ad dictum fontem, et ipsum iter etiam cooperunt, ne possent videri et capi a fidelibus.* Non si trattava di uno dei canali adduttori del Croso delle Lacere, poiché questo modesto corso d'acqua si trova a nord, quindi dalle posizioni crociate non sarebbe stato possibile osservare i lavori della fonte. Oltretutto il più vicino di questi canali si trova al di sotto della Bocchetta di San Bernardo, troppo vicina al Monte Massaro, posto al di fuori delle difese e degli insediamenti della Sella di Stavello. Rimangono le fonti a nord della Sella di Stavello, anche queste nascoste alla vista dal basso, e le fonti sul versante meridionale del Rubello.

[95] Ben lo comprese il Florio, il quale ebbe la fortuna di visitare il sito del campo dolciniano prima che i lavori della strada "Panoramica Zegna" sconvolgessero l'area; "cogli occhi spiando andava per rinvenire la fontana dai Gazzari, al dir degli storici, scavata onde attingner l'acqua a loro necessaria; e di sassi ricoperta, onde involarsi alla vista degli assedianti. E là mi parve di ravvisarla: d'indi infatti spiccia larga vena d'acqua, a cui dalla cima del monte un augusto e corto tramite conduce, lungo il quale, e di qua e di là sta numerosa serie di macigni, ch'esser poterono in modo accatastati da formare una via sotterranea a guisa di un acquidoccio". FLORIO 1907, pp. 25-26, n. 3.

Fig. 2. Il Monte Rubello, 1905 circa. L'immagine ritrae il Monte Rubello da Sud-Est, presso il sito della bastita vescovile dove furono installate le due macchine belliche ricordate dall'*Historia*. Il santuario, eretto dai crociati subito dopo la conclusione dell'assedio, è ancora nell'aspetto che i lavori di restauro del XIX gli avevano conferito. Subito sulla destra della costruzione si leggono i solchi del doppio fosso che circondava la vetta; era questo il segno più visibile della fortificazione dolcinana sul Rubello sino al distruttivo ampliamento degli anni '50 del XX secolo.

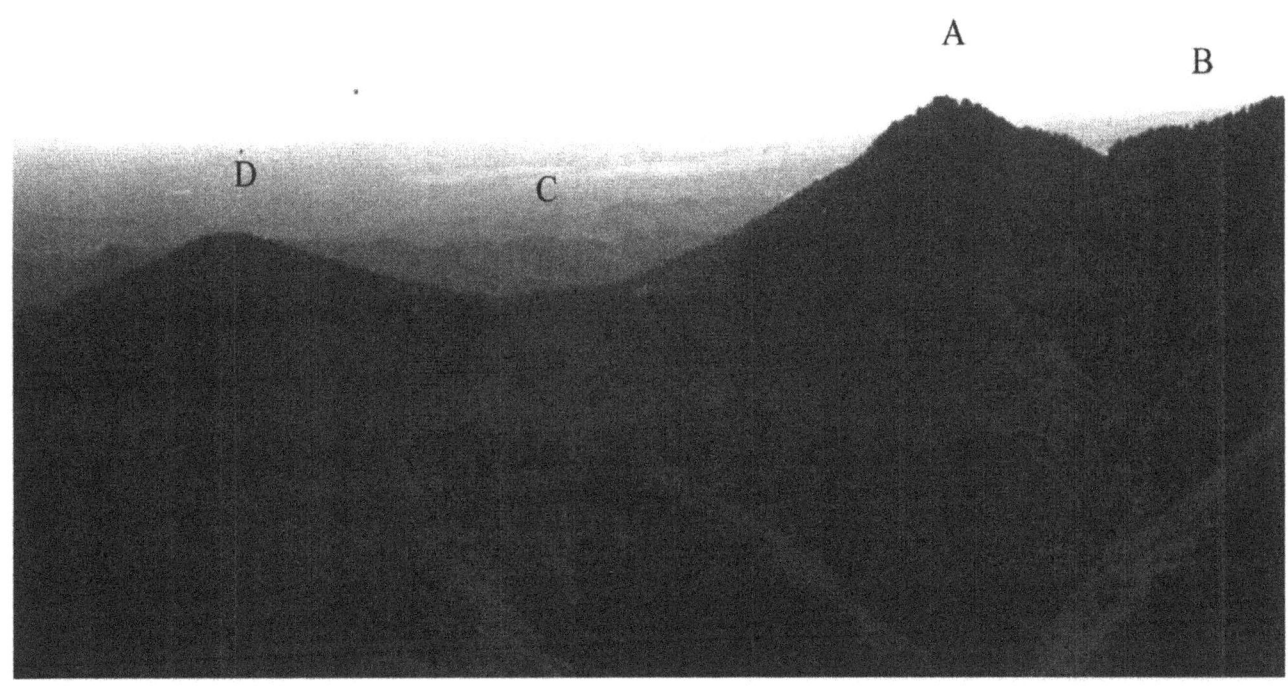

Fig. 3. La cresta del Monte Rubello e le postazioni crociate viste da nord. A, Monte Rubello; B, Bastita del Monte Massaro; C, Sella di Stavello; D, Monte Tirlo. Si noti come la vegetazione ad alto fusto, risultato dell'abbandono dei pascoli e dei rimboschimenti avvenuti negli anni '30 del XX secolo, abbia di fatto ricoperto l'intera area dei combattimenti.

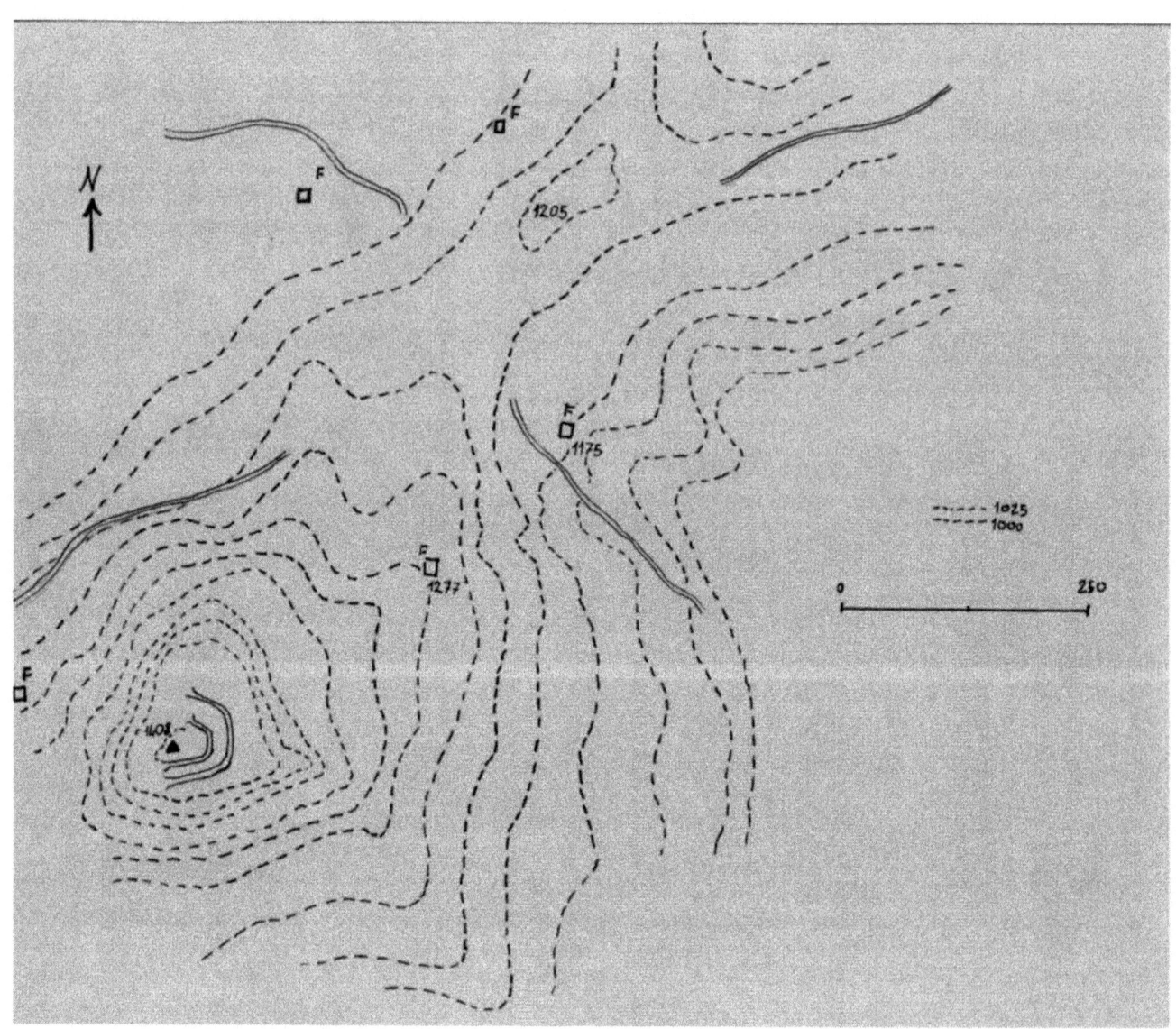

Tav - 2. Il Monte Rubello e la Piana di Stavello. La lettera F indica la presenza delle fonti d'acqua. La collocazione più plausibile del campo dolciniano sembra essere la zona meridionale della Sella di Stavello. Quattro fonti d'acqua e un comodo pianoro rendevano questa l'area ideale per installarvi un insediamento.

La prima offensiva di Raniero.

Le prime truppe vescovili giunsero in zona già nel corso del mese di marzo del 1306[96] e Mosso ne divenne da allora il principale centro di raccolta. La scelta fu di natura non solo militare; pur trovandosi più vicina a Biella e a dominio della Valle Strona era però distante dal Rubello, e i suoi abitanti si erano dimostrati al contrario dei triveresi assai più ostili agli eretici. La convinzione di Raniero era che la creazione di un presidio militare in Mosso e una spedizione armata al campo di Dolcino avrebbero permesso di risolvere in modo definitivo il confronto con quest'ultimo. A Serravalle nel 1304, era stata sufficiente la presenza di questi soldati per disperdere gli eretici o costringerli alla fuga. Questa volta però le cose andarono diversamente; mentre la truppa vescovile guidata da un *capitanio*[97] stava ormai stringendo i dolciniani nella morsa definitiva, questi, *videntes se quasi mortuos,* li avevano attaccati lanciandosi contro di loro con le poche armi che possedevano e specialmente con sassi[98]. Al contrario delle armi, spade, lance o altri strumenti offensivi di pietre sui monti se ne trovava ovunque. Sul Rubello, durante i lavori di rifacimento del Santuario, fu rinvenuto un vomere di aratro, in ferro forgiato, lungo 28 cm. La lama era stata ribattuta, a scopo di aumentare le capacità di sferrare colpi ad effetto perforante e tagliente. Un'arma utilizzata da dolciniani, costretti a combattere anche con armi improvvisate, oppure alla milizia della zona che, come prescrivevano trattati militari del XIV secolo, dovevano utilizzare come armi strumenti di uso agricolo, compresi gli aratri, beninteso quelli che potevano essere maneggiati con una certa facilità[99].

La rotta dei vescovili aveva reso necessario un cambio di strategia e Raniero aveva deciso di rinforzare i suoi effettivi a Mosso, almeno per contenere i dolciniani sul monte ed impedire loro di discendere per effettuare razzie allo scopo di recuperare le necessarie *victualia* e *armature*[100]. Era la prima mossa di un piano più complesso che prevedeva un assedio del campo dolciniano utilizzando complesse tattiche ossidionali e macchine belliche. Un piano che aveva avuto una accelerazione dopo che i dolciniani con la trappola del primo maggio avevano simulato la loro partenza per poi catturare nuovi ostaggi, assicurandosi una ulteriore sopravvivenza.

Raniero, oltre a riorganizzare le proprie forze, aveva inviato al pontefice, Clemente V, ambasciatori recanti sue lettere grazie alle quali aveva ottenuto il bando della crociata[101]. Così a partire dal mese di giugno, le montagne di Trivero si popolarono improvvisamente di truppe, salmerie, vettovaglie. Una notevole dimostrazione di forza: 1200 erano gli uomini alle dirette dipendenze di Raniero, altrettanti, e forse anche più, erano quelli del contingente del Comune di Vercelli e Biella. In seguito si arrivò a dire che Dolcino *tiravasi diridieto IIII fanti*[102]. Nonostante le tattiche che

---

[96] Il 15 marzo 1306 risultano già stanziati da qualche tempo a Mosso un gruppo di armati, comandati dal capitano Umberto de Marchisio; a quella data il Comune di Biella contraeva un mutuo *causa solvendi servientes qui iverunt Moxum sub domino Uberto de Marchixio capitanio.* GABOTTO 1896, p. 27. La stessa *Historia* (pp. 5, 42-7) ricorda che *Cum autem predicta incontinenti ad aures prefati reverendi domini episcopi Vercellarum devenissent, ipse tamquam bonus pastor cogitans se posse statim eos superare et lupos a grege repellere, tum quia non habebant victualia, tum quia erant in nivibus altissimis collocati, statim misit illuc maximas gentes de terris sui et aliunde causa capiandi et destruendi pestiferos antedictos.*

[97] Il *capitanius* un ufficiale anziano delle milizie comunali. Solitamente nell'Italia del XIII secolo si trattava di un ufficiale posto al comando di una *venticinquina*, ossia una forza di venticinque fanti o cavalieri. Dato il luogo degli scontri è facilmente ipotizzabile che gli uomini di Umberto di Marchisio siano tutti di fanteria. GIULIANI 1982, pp. 37-49; GIULIANI 2000, pp. 43-56. Se questa fu la forza che assalì il Rubello si trattava di un gruppo di armati del tutto inadeguata per affrontare un migliaio di eretici.

[98] HISTORIA, p. 6, 13-14; *nemine expugnari poterant nec aliquem hominem timebant, dummodo haberent victualia*

[99] KNOVLES 1983.

[100] HISTORIA, p. 6, 16-17; [...] *nam a principio per mensem quatuor vel circa in loco Moxi tenuit exercitum magnum de hominibus electis ad obviandum ipsis malignis, ne forte descenderent de dicto monte daturi offensiones aliquibus fidelibus et ne deferrentur victualia aliqua eisdem vel alique marcature sive atiam armature..*

[101] HISTORIA, pp. 6-7, 44, 1-3; *gratiose concessit suas indulgentias plenarias omnibus Christi fidelibus, qui personaliter irent ad debellandum et expugnandum dictos hereticos vel dare volentibus stipendia debita et opportuna persone pugnare volenti per mensem contra predictos canes, ipsos hereticos condemnando et anathemizando.*

[102] ANONIMO FIORENTINO, p. 603.

venivano comunque sviluppate e studiate per la guerra in montagna, il militare del XIV secolo, quando si vedeva costretto a battersi in campo aperto, sceglieva un luogo sul quale le sue capacità belliche avrebbero potuto essere sfruttate al meglio. I pavesari, i balestrieri e le altre fanteria medievali avevano bisogno di un luogo pianeggiante dove affrontare il nemico, in modo tale che il migliore addestramento, armamento e tattica avrebbero potuto far sentire la loro importanza. La sella di Stavello rappresentò subito l'obbiettivo principale per i crociati: *Sella habet pulchram et magnam placiam ad pugnandum inter ipsas partes*[103]. Affrontare i dolciniani in scontri isolati era un'impresa rischiosa; se invece li si costringeva a combattere secondo le regole degli eserciti regolari la vittoria sarebbe stata sicura. I *capitanei* di Raniero decisero dunque di occupare la Sella di Stavello ed impiegare questa come piattaforma da utilizzare per assalire il Monte Rubello che, fortificato, appariva l'elemento più difficile da espugnare.

Il monte Rubello, militarmente parlando, era il punto più forte della cresta montuosa che separa il triverese dalla Valle Sessera ma prenderlo d'assalto da sud era sconsigliabile. Troppo ripido il pendio e i sentieri facilmente presidiati. Allo stesso modo era impensabile assalire la vetta da nord; i *crucesegnati* avrebbero dovuto affrontare anche dei salti rocciosi piuttosto alti, e la superiorità di mezzi e numerica sarebbe stata del tutto vanificata. Rimaneva l'approccio nei settori nei quali il monte si saldava con la cresta, a Sud Ovest e a Nord Est. A Sud Ovest la bocchetta di San Bernardo[104] separava la vetta del Rubello da un'altro rilievo caratterizzato da una lunga dorsale pianeggiante, oggi chiamato Monte Massaro. La vetta principale è 1414 metri, ma ai soldati del Vescovo interessa prendere possesso di quota 1402, solo sei metri più bassa del Rubello e posta a solo 300 metri di distanza dalla vetta. La vetta - anonima, tanto che ad essa ci si riferiva come *quedam alium montem [...] qui est a parte opposita dicti montis Rebelli*-ossia dalla parte opposta del Rubello, guardando il monte dalla parte di Stavello, ossia dalla parte opposta dal quale lo stavano osservando i comandanti della crociata che stavano decidendo il da farsi[105]. Questa poteva essere una delle direttrici di attacco; oltretutto a quella distanza si potevano utilizzare le pesanti balestre d'assedio, da *duobus pedis*, e i trabucchi. L'altra, più logica, prevedeva l'occupazione della sella di Stavello che risultava essere il luogo ideale dove schierare a battaglia una formazione militare e poter far valere tutta la potenza dell'esercito del Comune di Vercelli. Tuttavia proprio qui i dolciniani avevano eretto la parte più consistente del loro insediamento, e prendere d'assalto da Trivero la sella era un'ipotesi da scartare. Fu deciso dunque di occupare quota 1402, installarvi macchine d'assedio, i temibili trabucchi, in modo tale da colpire il fortilizio edificato sulla cima del Rubello.

I soldati del vescovo si installarono sul Monte Massaro; rapidamente, senza perdite grazie al fattore sorpresa. A nessuno dei difensori del Rubello poteva essere sfuggito che delle forze si stavano riunendo alla base del monte, ma anche se si trattava di forze fuori della loro portata gli stessi crociati avevano ammesso che quell'impresa era stata condotta a termine *cum maximo periculo*. Così, per prima cosa, la sommità del monte fu fortificata; non era pensabile mantenere con sicurezza quella posizione senza appoggiarsi ad una fortificazione campale. Ma la strategia crociata prevedeva ben altro che non edificare il proprio contraltare davanti al rifugio degli eretici. Il presidio era notevole, oltre 1200 uomini, di fatto un numero che superava ormai quello dei dolciniani presenti. Raniero ottenne di far trasportate dal comune di Vercelli due macchine belliche

---

[103] HISTORIA, p. 7, 21.

[104] Il nome bocchetta di San Bernardo risulta esser posteriore alla conclusione dell'assedio, quando fu eretto il sacello dedicato a San Bernardo da Mentone. Le carte dell'I.G.M. denominano erroneamente il monte Massaro come Rubello; l'errore sembra essere stato determinato dalla doppia dizione Rubello-San Bernardo. I compilatori della carta rinominarono così il Massaro come Rubello, e solo la vetta 1405 fu ribattezzata Massaro. Negli archivi comunali di Trivero il monte è conosciuto anche come monte Margosio. *Ragguaglio delle cose fatte dopo la distrusione delli Gazzari e di Dolcino nel Monte Rubello o S. Bernardo, 1782.*

[105] HISTORIA, p. 7, 5-7, *[...] capi fecit et muniri quemdam alium montem cum maximo periculo, qui est a parte opposita dicti montis Rebelli, ibique fieri fecit bastitam fortissimam et pulcherrimam, in qua posuit a principio mille et duecentos viros et ultra [...].*

alla sua ridotta. Appartenevano all'arsenale dell'esercito comunale e potevano scagliare proiettili contro le postazioni dolciniani causando loro gravi danni alle strutture e alle persone[106].

La cresta che dal Massaro, quota 1402, digrada verso la Bocchetta di San Bernardo fu livellata, sbancata e allargata, in maniera tale da ottenere una sorta di balconata, lunga trenta metri e larga oltre dieci, proprio in corrispondenza del versante sud-occidentale del Monte Rubello. La difesa del complesso era garantita da un muro a secco, i cui resti sono visibili in prossimità del sentiero che sale dalla Bocchetta di San Bernardo. Si tratta di blocchi di pietra locale di medie dimensioni, grossolanamente sbozzati e accostati l'uno all'altro. Al momento non ne rimangono che uno o due filari, inghiottiti dalla vegetazione, ma all'epoca dell'assedio l'altezza era di sicuro superiore, e dotata di rinforzi lignei. Quota 1402 presenta la sommità spianata artificialmente, parzialmente circondata da un fossato ormai quasi completamente occultato dal dilavamento. Poco distante, a quota 1405, si trova un'altro dei rilievi che formano il massiccio del Massaro, anch'esso caratterizzata dalla sommità spianata artificialmente e circondata da evidenti tracce di un doppio vallo. Il materiale di risulta dello sbancamento della vetta fu utilizzato per allargare il pianoro; tali riporti di terra risultano oggi in parte franati, specie lungo il versante che si affaccia su Trivero. Ciò nonostante la leggibilità dell'opera non è compromessa e rimane senza dubbio una delle opere di fortificazione campale più interessanti del medioevo italiano. Protetti da eventuali sortite dolciniane, la bastita era collocata in modo tale da proteggere gli stanziamenti degli uomini del vescovo che furono eretti in breve sugli ampi pascoli del monte Massaro. I prati, specie quelli tra quota 1405 e quota 1413, permettevano un'organizzazione e l'impianto di un accampamento in un luogo assai più comodo e spazioso che non le postazioni, da considerarsi per lo più di solo controllo e combattimento, di quota 1402.

Le dimensioni del terrapieno e le caratteristiche dei proiettili rinvenuti nel corso delle campagne di scavo del 2000, suggeriscono che dal Comune di Vercelli furono consegnanti al vescovo due trabucchi. L'*Historia* informa che tali macchine furono utilizzate per colpire persone ed edifici (*personas et domibus*). Il trabucco consisteva in un lungo trave (o in un fascio di travi legate tra loro) incernierato su due montanti. Ad una delle estremità del trave era a sua volta incernierata una cassa di legno che doveva essere riempita con terra, sassi o sabbia e funzionare da contrappeso. All'altra estremità era fissato un gancio e una fionda. Il trave veniva abbassato ed agganciato ad un anello. Quando l'anello veniva spostato il contrappeso muoveva la fionda che, all'inclinazione desiderata, si apriva e liberava verso l'obbiettivo il proiettile, solitamente una grossa pietra di discrete dimensioni, anche a centinaia di metri di distanza; recenti esperimenti hanno dimostrato che queste erano armi in grado di lanciare proiettili sino a 300 metri di distanza:

---

[106] HISTORIA, p. 7, 7-10, *[...] et procuravit quod commune Vercellarum, licet foret difficile, conduci fecit duas machinas ad bastitam, qua die noctuque trahebat ad dictum fortalicium montis supradicti et multa damna intulerunt tam in personas quam in domibus ibi constitutis per suprascriptos hereticos.*

Tav – 3. Disegno schematico dei sentieri che da Mosso, principale centro di raccolta per le forze del Vescovo Raniero, salivano alle bastite che circondavano il Monte Rubello. Le vette fortificate dai crociati sono circondate da un quadrato.

Fig. 4. Il Monte Massaro visto dalle pendici settentrionali del Rubello. L'immagine ritrae quota 1402, il rilievo scelto dai comandanti del Vescovo Raniero per costruirvi una fortificazione proprio dirimpetto il Monte Rubello e installarvi due macchine belliche per il lancio di proiettili.

Fig. 5. Il terrapieno della Bastita del Monte Massaro. Parte del fianco di quota 1402 venne livellato, spianato e adattato alla sistemazione di macchine belliche. Le tracce di questo bastione sono ancora ben visibili e leggibili. La vetta del Rubello si trova in linea d'aria a circa 250 metri, entro il raggio d'azione delle artiglierie neurobalistiche del XIV secolo.

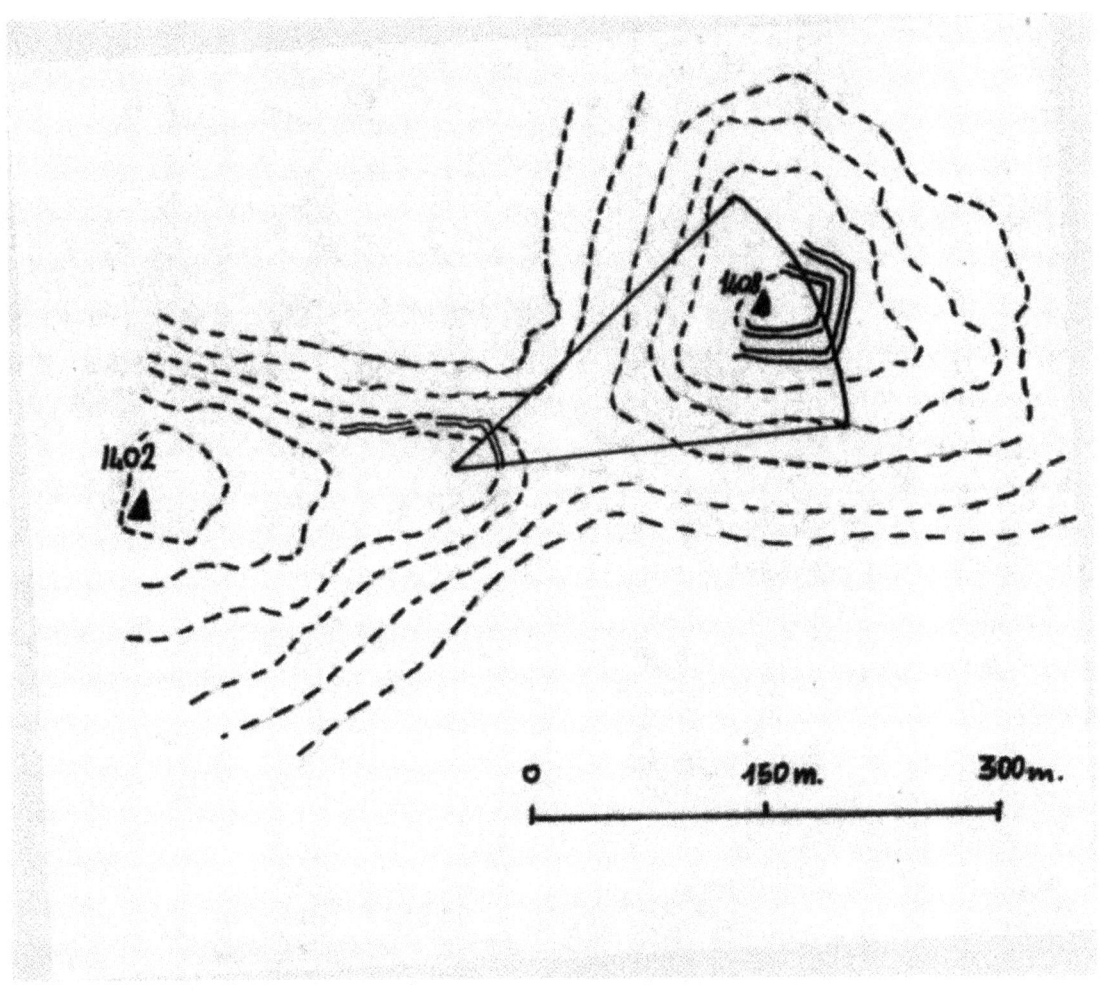

Tav – 4. La bastita di quota 1402 del Massaro. Evidenziato è il raggio d'azione massimo di un trabucco (300 metri) di medie dimensioni; la vetta del Rubello è perfettamente inquadrata dal tiro offensivo dell'arma. I proiettili erano inoltre in grado di scavalcare la vetta proseguendo, in caso di lancio lungo, la loro corsa lungo il versante settentrionale.

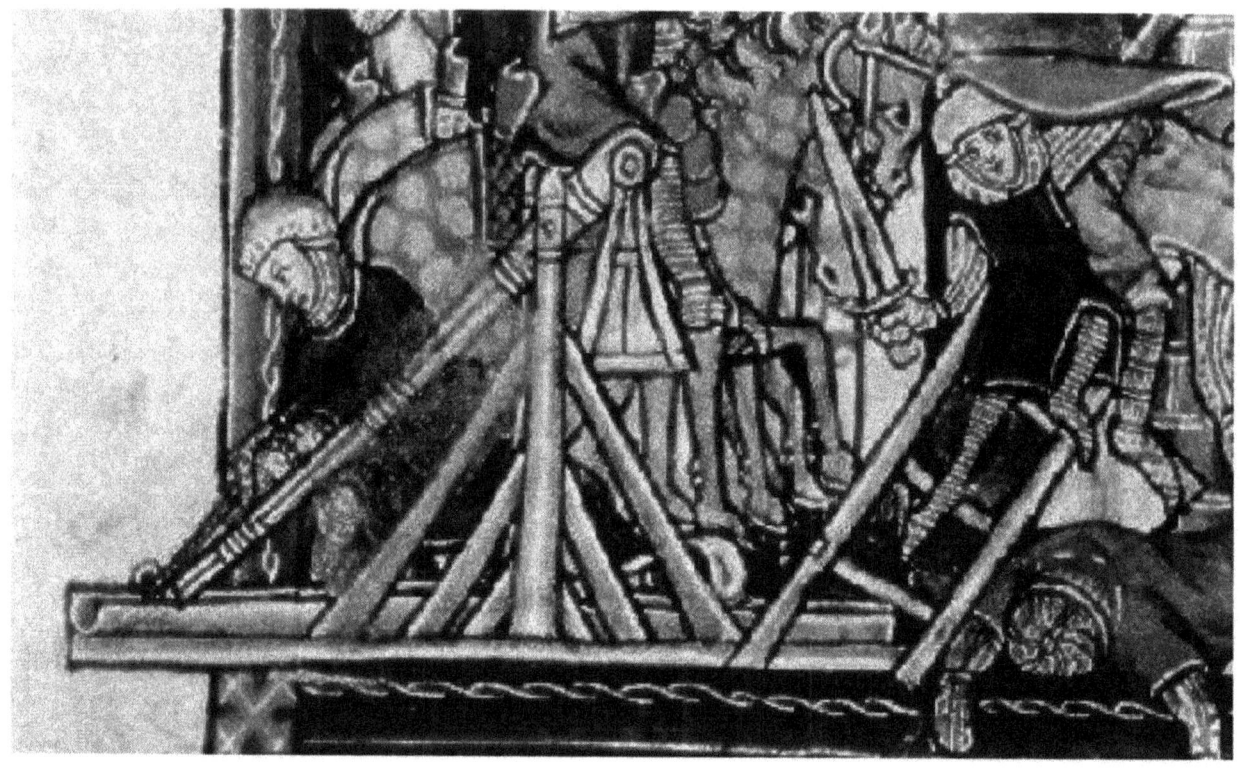

Fig. 6. Trabucco in azione, inizi XIV secolo (BM MS Add.10294 f. 81v). Almeno due di queste macchine d'assedio furono impiegate dai crociati contro i dolciniani. Una terza forse fu montata sul Monte Tirlo, come il ritrovamento di proiettili di pietra lascia supporre. Il soldato sta tirando con forza la corda che libererà l'asta del trabucco dall'anello che la mantiene abbassato. A questo punto il contrappeso, ben visibile con la sua cerniera, muoverà l'asta che, muovendo due funi sistemate come una grande fionda, scaglierà il proiettile verso l'obbiettivo. Il proiettile, solitamente una pietra sbozzata, è raccolta in un apposita guaina di cuoio o tela, visibile in questo caso immediatamente al di sotto del contrappeso.

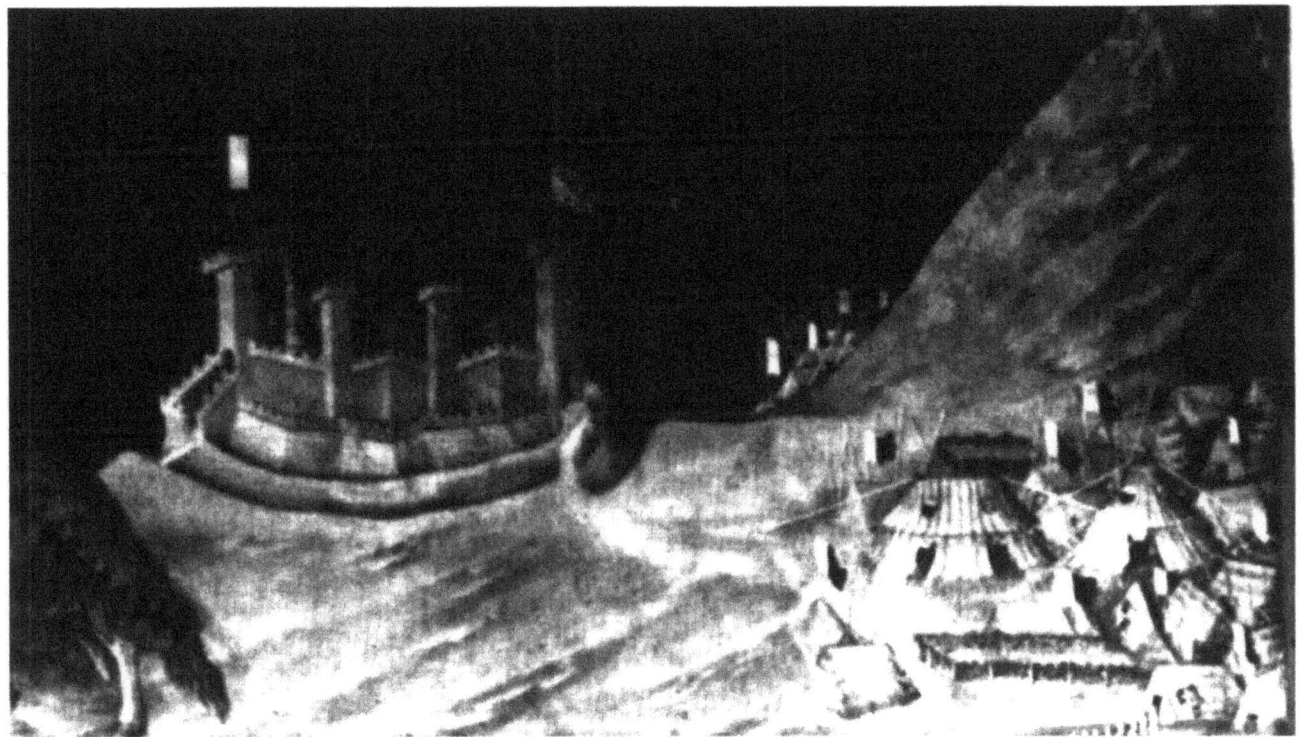

Fig. 7. Simone Martini, *Guidoriccio da Fogliano*, particolare, 1328 circa, Siena, Palazzo Pubblico. L'affresco raffigura il condottiere senese all'assedio del borgo fortificato di Montemassi. L'artista ha rappresentato una bastita, al cui interno si distingue il braccio sollevato di un trabucco, la più potente delle artiglierie d'assedio del medioevo europeo. Si noti come la bastita era considerata come una vera e propria postazione di combattimento senza alcuna finalità abitativa, mentre il campo dove è alloggiata la truppa è sistemato nelle sue adiacenze.

circa duecento metri sono proprio la distanza che intercorre in linea d'aria fra la vetta del monte Rubello e le posizioni crociate sul Massaro[107]. Il trabucco era un'arma dal tiro potente, dalla traiettoria arcuata e precisa (e il fatto che i proiettili siano dello tutti stesso peso può contribuire a migliorarne vieppiù la precisione) paragonabile a quella di un moderno mortaio[108]. Dieci o dodici persone erano necessarie per manovrare l'arma. Il processo di caricamento non impegnava più di 5-6 minuti. Tuttavia, per non sforzare il braccio mobile del trabucco era scagliato un colpo ogni dieci minuti circa. L'allestimento di simili armi richiedeva del tempo; occorreva che il *magister tormentorum* familiarizzasse con la situazione topografica nella quale doveva operare – e il Monte Rubello non era certo una delle più facili!-, le munizioni che aveva a sua disposizione e comprendere dove sistemare le sue macchine perché operassero al meglio. Costruite in pesanti travi di legno era difficile riuscire a romperle o farle a pezzi, e incendiarle era impensabile a meno che si potesse contare su armi incendiarie in grado di innescare vasti fuochi, ma non era nelle possibilità dei Dolciniani[109]. Smontati in sezioni prefabbricate i trabucchi erano trasportabili anche in siti di

---

[107] GRAVETT 1990, p. 51: la distanza massima calcolata da Gravett è 270 metri (300 yards).

[108] BRADBURY 1992, p. 268, che riferisce i risultati di un esperi-mento compiuto per conto del Museo di Falsters Minder (Danimarca), nel corso del quale è stato ricostruito un trabucco a contrappeso. Il modello danese ha ripetutamente lanciato con contrappeso di una tonnellata pietre del peso di 15 kg alla distanza di 180 metri, con una precisione pari a quella di un moderno mortaio!

[109] Comunque sia ogni equipaggio aveva a propria disposizione tutto il necessario, funi, chiodi, assi di ricambio, per riparare le artiglierie che manovravano. Ne esistevano, agli inizi del XIV secolo, ben quattro differenti modelli. Uno dotato di un contrappeso non incernierato, quindi un modello azionato da forza umana (anziché servirsi di un peso la trave era mossa da funi tirate da uomini).

difficile accesso come la bastita vescovile sul Massaro[110]. Quanto ai proiettili erano sufficienti le pietre raccolte *in loco*, nei vicini affioramenti rocciosi, scalpellate e preparate opportunamente. Con la messa in opera dei trabucchi le difese dolciniane vennero a trovarsi nel raggio di tiro di un pezzo d'artiglieria neurobalistica di notevole precisione, per il cui funzionamento era sufficiente un numero ridotto di uomini per collocare il proiettile: occorreva però una discreta pratica per calcolare la traiettoria e i contrappesi necessari[111]. Le artiglierie di Raniero non colpivano le mura di una fortezza, e non dovevano incendiare l'abitazione di un feudatario ribelle, ma bombardavano modesti rifugi in pietra a secco. I danni che inflissero al fortilizio di Dolcino furono gravi. Se poi i lanci finivano "lunghi", e i proiettili non colpivano le fortificazioni sommitali, finivano sul versante orientale del monte, proprio dove era stanziata gran parte della comunità. I massi scagliati sino a quando non incontravano un ostacolo di adeguate dimensioni continuavano a rotolare e *multa damna intulerunt tam in personis quam in domibus ibi constitutis*. Il vero potenziale di quelle macchine era anche un altro; Raniero voleva dimostrare che per quanto in alto scappassero gli eretici, per quanto riparassero in luoghi difficili da raggiungere, la Chiesa li avrebbe scovati e colpiti. Quei due trabucchi, nella loro moderna evidenza meccanica, in una società che giudicava con sospetto la stessa balestra - addirittura bandita come arma diabolica - erano la prova della superiorità e della invincibilità della Chiesa e di Raniero che la rappresentava. Furono utilizzate anche grosse balestre dette "da due piedi". La conferma dell'uso di queste armi è data non tanto dalle fonti scritte quanto dal ritrovamento, durante la ricostruzione del Santuario di San Bernardo nel 1960, di due teste di verrettone di rispettivamente 16 e 12 centimetri di lunghezza. Il secondo esemplare, se non fosse mutilo della punta e di parte del codolo, supererebbe in dimensioni il primo sopravvissuto integro. Solo la sezione delle due armi, una quadrata e una romboidale, differenzia i due reperti. Per lungo tempo si pensò trattarsi addirittura di punte di lancia, date le loro dimensioni. Sia i trabucchi che le balestre furono trasportati in loco per imprimere la svolta decisiva all'assedio. Così Benvenuto da Imola: *[...]cum machinis et aliis instrumentis bellicis aptis ad oppugnationem arcium*[112]. Entrambi i sistemi d'arma avrebbero avuto adeguati bersagli.

Nonostante i trabucchi e la massa di armati, la bastita eretta da Raniero non era adeguatamente protetta dalle sortite dei dolciniani. Occorreva un'altra postazione che appoggiasse la bastita del Massaro. La scelta ricadde sul Monte Tirlo (m. 1303), *supra viam, que ducit ad Sellam Stavelli*[113]. Il Tirlo infatti controlla magnificamente la via che sale alla Sella di Stavello e tutte le sue diramazioni. Pur trovandosi sulla stessa cresta montuosa sulla quale si apre la sella di Stavello, il monte Rubello e il monte Massaro, il suo rilievo non si trova sullo stesso asse dei precedenti, ma risulta più spostato verso Ovest: la vetta del Tirlo e quota 1402 sono in comunicazione visiva diretta. Tramite fuochi, le due postazioni potevano comunicare, e in caso di pericolo coordinare gli sforzi degli eserciti assedianti, appoggiandosi reciprocamente in caso di necessità[114]. Al comune di Vercelli, *mediantibus indulgentiis apostolicis et procurante prefato domino episcopo*, toccò di occupare il Tirlo; una impresa non meno rischiosa di quella affrontatata dai soldati del vescovo. La manodopera

---

Le altre due tipologie di trabucco prevedevano rispettivamente di regolare l'asse e l'angolo di rilascio del proiettile, oppure di variare a proprio piacimento la portata dell'arma.

[110] Il trasporto e l'impiego di simili armi su terreni montuosi non rappresentava una novità per il guerriero medievale. Anche nel difficile e drammatico assedio del Castello di Montségur, avvenuto tra il 1243 ed il 1244, un trabucco fu issato sui fianchi calcarei della difficile montagna sino ad una quota di 1200 metri dirimpetto le mura della fortezza. OLDENBOURG 1990, pp. 296-310.

[111] Diversamente da quello che recita l'*Historia* per Dolcino, nella crociata in Linguadoca furono l'arcidiacono di Parigi ed il Vescovo di Albi che, nelle armate crociate, si prodigarono a disegnare, costruire e azionare le macchine d'assedio che operarono contro le difese di Penne d'Agenais nel 1212 e Montségur nel 1243-1244. GRAVETT 1990, p. 51; SUMPTION 1978, p. 148.

[112] BENVENUTI RAMBALDIS DE IMOLA, p. 360.

[113] Negli archivi parrocchiali di Trivero alla fine dell'800 era conosciuto come Cima di Stavello. Il toponimo, Tirlo, richiama il latino *turio*, germoglio, oppure il termine dialettale *turlo*, bernoccolo, gibbosità. *Ragguaglio delle cose fatte dopo la distrusione delli Gazzari* cit.

[114] HISTORIA, p. 7, 10-14; *Commune vero Vercellarum, mediantibus indelgentiis apostolicis et procurante prefato domino episcopo, fecit similiter bastitam unam cum villis circumstantibus in pede montis supra viam, que ducit ad Sellam Stavelli, ita quod una propter aliam erat plus secura et gentes utriusque bastite sese, cum expediebat, adiuvabant et sibi, cum expediebat, succurrebant.*

necessaria ai lavori di fortificazione fu recuperata dalle *villis circumstantibus in pede montis*, ossia, Trivero e le comunità vicine, Mosso inclusa.

La cima fu spianata per ottenere un ripiano di 45 metri di lunghezza e 15-20, a seconda dei punti, di larghezza. Il terrapieno ottenuto fu circondato ad Ovest, a Nord e a Sud da un fosso molto ampio, largo in media 2 metri e profondo attualmente un metro. La fortificazione risulta alta 3 metri verso Nord, mentre nella zona meridionale misura da 1,5 a 2 metri di altezza. Questa differenza è determinata dalla presenza a Nord di un piccolo ripiano sopraelevato. Il materiale di risulta dello scavo del fossato fu accumulato all'interno dell'opera per realizzare la piattaforma sommitale, indispensabile per poter realizzare un qualsivoglia riparo per l'eventuale guarnigione. Lungo il lato orientale si distingue la rampa d'ingresso, posta sul versante opposto al Monte Rubello.

Una quarantina di metri più a Nord fu eretta una seconda fortificazione, di dimensioni più ridotte rispetto alla precedente. Le sue misure in lunghezza ed in larghezza sono rispettivamente di 12 e 15 metri. Come l'opera gemella anche questa è circondata a Sud, ad Ovest e a Nord da un fossato largo circa 2 metri e profondo fra il mezzo metro e il metro. La bastita a Sud alta 3 metri, raggiunge i 2 metri sul lato Nord: ancora una volta la differenza è determinata dalla presenza di una sopraelevazione, di natura antropica, del tutto simile a quella riscontrabile nella precedente fortificazione, anche se, in questo caso, è collocata a Sud. Solo a Est, in entrambe le fortificazioni, l'asprezza del ripido pendio non aveva reso necessario lo scavo di un fossato. Pur di garantirsi il massimo delle difese, il fossato delle bastite fu approfondito in ogni modo, intaccando anche la roccia affiorante[115]. I crociati decisero di realizzare due bastite anziché una sola. La fortificazione maggiore fu orientata e costruita per controbattere ad eventuali aggressioni provenienti dalla Sella di Stavello. Aveva la sua porta d'ingresso situata sul versante opposto, e un sentiero appositamente ricavato alla base del terrapieno per controllare al meglio il transito e l'avvicinamento. Proprio in corrispondenza della cresta che sale dalla Sella, la fortificazione si allarga quasi ad assumere una forma circolare, in grado di accogliere dunque il maggior numero di armati possibile. Il fronte principale dell'opera è stato disegnato come una grande tenaglia, per consentire ai difensori di concentrare il tiro delle loro armi da lancio contro la testa della colonna avversaria in avvicinamento lungo il versante sud occidentale. La bastita minore era facilmente sostenibile da quella principale. Poca è la distanza (40 metri) che separa le due fortificazioni, ed il percorso è pressoché pianeggiante, condizione di combattimento ideale per il soldato medievale. La fanteria avrebbe potuto affrontare il nemico protetta dal tiro di balestre e altre armi da lancio, il cui uso era favorito dai massicci riporti di terra eretti all'interno delle bastite in corrispondenza della vetta. La funzione principale di quest'opera, comunque, era quella di funzionare da "ponte" tra le bastite del Monte Massaro e quelle della linea Tirlo-Civetta-Caulera. La fortificazione minore del Tirlo è, infatti, in contatto visivo sia con il Monte Massaro, sia con il Civetta, assai meglio di quanto non lo fosse la bastita principale. Le recenti campagne archeologiche che hanno indagato i resti delle bastite del Tirlo sembrano indicare che, almeno nella bastita maggiore, esisteva una macchina da lancio, probabilmente un trabucco. Due proiettili di trabucco furono rinvenuti durante le indagine archeologiche effettuate nel settembre del 2001. Il primo reperto[116] è un manufatto ritrovato nell'area di scavo della bastita grande. Si tratta di un proiettile per macchina bellica riconducibile alla tipologia definita *trabucco*. Il proiettile, di roccia locale, appare lavorato con uno strumento a percussione indiretta, quale uno scalpello a punta, che ha lasciato tracce visibili in alcuni settori della superficie. Lo scalpellino ha lavorato la pietra smussando ogni spigolo e conferendo al reperto una forma vagamente sferica. Pesa 11, 5 kg e ha un'asse maggiore di 20 cm, uno minore di 18, mentre ha al centro uno spessore di 18 cm. Le rispettive circonferenze sono di 57 e 68 cm.

---

[115] BENENTE - CERINO BADONE 2002, pp. 31-32.
[116] Vedi figura 12 a pagina 44.

Il secondo reperto [117] è stato ritrovato nella stessa area di scavo del precedente ritrovamento. La forma cilindrica dell'oggetto appare rovinata lungo uno dei suoi spigoli. Il ciotolo è stato lavorato da uno scalpellino il quale ha lasciato ben evidente un segno su una delle superfici. Tale segno è simile a una T. Altri segni simili a quello appena descritto sembrano apparire in altre zone dell'oggetto, tuttavia il tratto appare quanto mai incerto. La pietra è stata trasformata in una sorta di cilindro schiacciato, del peso di 19 kg. Ha una altezza di 22 cm e un diametro di 83 cm, mentre le misure dell'ellisse di base è di 17 cm l'asse maggiore, 11 cm quello minore. Data l'irregolarità della superficie di una delle basi, rovinata per un evento traumatico o per il mancato completamento dell'attività di sbozzatura, il reperto ben difficilmente può essere ritenuto un proiettile (a meno che la precisione del tiro non rientrasse nei requisiti fondamentali richiesti alle macchine belliche utilizzate dai crociati sul Tirlo), specie se lo si confronta con il reperto descritto in precedenza. Potrebbe ragionevolmente trattarsi del peso necessario per il funzionamento del trabucco, inutilizzabile senza un contrappeso solidale con l'asta che scaglia il proiettile contro l'obbiettivo. Gli insediamenti dolciniani che dovevano essere raggiunti dall'alto si trovavano entro i trecento metri giudicato un raggio d'azione accessibile ai trabucchi. Nonostante le artiglierie neurobalistiche operassero al limite delle loro capacità, la differenza di quota tra la Bastita e la Sella di Stavello (98 metri), assicurava ai colpi l'adeguata efficacia.

---

[117] Vedi figura 13 a pagina 44.

Fig. 8. Il Monte Tirlo visto dal Monte Rubello. Tra i due rilievi si apre il pianoro della Sella di Stavello. Appera subito chiara l'importanza strategica del possesso di questo monte per il controllo del pianoro sottostante. Il bosco di abeti è frutto del rimboschimento iniziato negli anni trenta del XX secolo e portato a termine nel secondo dopoguerra.

Tav – 5. (Pagina seguente). Le bastite del Monte Tirlo. Invece di un'unica ampia opera, i genieri del Comune di Vercelli preferirono edificare due distinte fortificazioni. Mentre la bastita maggiore domina con la sua mole la Sella di Stavello, ospitando al suo interno un trabucco per colpire le sottostanti postazioni dolciniane, la bastita minore funzionava da "ponte" con altre fortificazioni crociate. Essa era infatti posta in comunicazione visiva diretta con la bastita vescovile del Monte Massaro e quella costruita sulla Punta della Civetta.

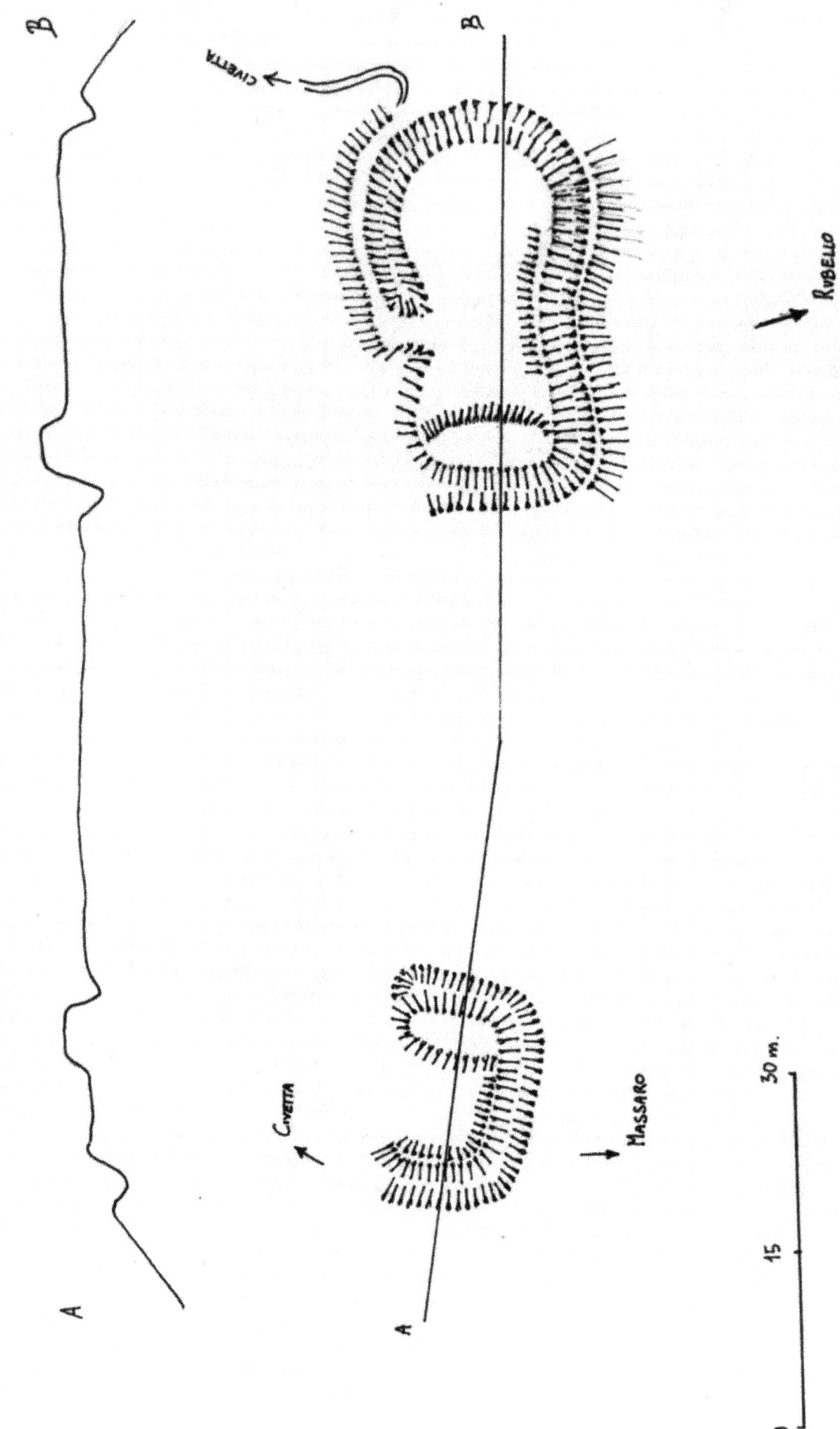

Fig. 9. Bastita maggiore del Monte Tirlo. Il bastione di terra emerge dal piano sommitale della vetta, garantendo ai difensori un piano di tiro sopraelevato.

Fig. 10. Bastita maggiore del Tirlo. Il fosso che circonda l'opera è ancora oggi ben leggibile e definito. Pur di ottenere approfondire il fossato, i costruttori della fortificazione non esitarono ad incidere anche la roccia sottostante.

Fig. 11. Bastita minore del Tirlo. Questa fortificazione è in comunicazione visiva diretta sia con la Bastita del Massaro sia con quella del Monte Civetta; non è esclusa una sua funzione di "ponte" tra le due postazioni. Si trova sul margine settentrionale della vetta del Tirlo, a una trentina di metri dall'opera maggiore, della quale ne ricalca perfettamente le caratteristiche costruttive.

Fig. 12. Proiettile di catapulta. Definito reperto A, è un manufatto ritrovato all'interno della bastita maggiore del Tirlo durante le indagini archeologiche del 2000-2001. Si tratta di un proiettile per macchina bellica riconducibile alla tipologia definita *trabucco*. Tale macchina necessita, per un tiro efficace contro obbiettivi avversari, di proiettili sbozzati nella roccia durante le fasi precedenti alle operazioni belliche. L'oggetto appare lavorato con uno strumento a percussione indiretta, quale uno scalpello a punta, che ha lasciato tracce visibili in alcuni settori della superficie. Lo scalpellino ha lavorato la pietra smussando ogni spigolo e conferendo al reperto una forma vagamente sferica. Pesa 11, 5 kg e ha un'asse maggiore di 20 cm, uno minore di 18, mentre ha al centro uno spessore di 18 cm. Le rispettive circonferenze sono di 57 e 68 cm.

Fig. 13. Proiettile per catapulta. Il reperto B è stato ritrovato nella stessa area di scavo del precedente ritrovamento. La forma cilindrica dell'oggetto appare rovinata lungo uno dei suoi spigoli. Il ciotolo è stato lavorato da uno scalpellino, il quale ha lasciato ben evidente un segno su una delle superfici. Tale segno è simile a una T. Altri segni simili a quello appena descritto sembrano apparire in altre zone dell'oggetto, tuttavia il tratto appare quanto mai incerto. La pietra è stata trasformata in una sorta di cilindro schiacciato, del peso di 19 kg. Ha una altezza di 22 cm e un diametro di 83 cm, mentre le misure dell'ellisse di base è di 17 cm l'asse maggiore, 11 cm quello minore. Data l'irregolarità della superficie di una delle basi, rovinata per un evento traumatico o per il mancato completamento dell'attività di sbozzatura, il reperto ben difficilmente può essere ritenuto un proiettile (a meno che la precisione del tiro non rientrasse nei requisiti fondamentali richiesti alle macchine belliche utilizzate dai crociati sul Tirlo), specie se lo si confronta con il reperto A. E' ipotizzabile che tale oggetto sia in realtà un peso necessario per il funzionamento del trabucco, inutilizzabile senza un contrappeso solidale con l'asta che scaglia il proiettile contro l'obbiettivo.

Fig. 12

Fig. 13

Fig. 14. Agostino di Giovanni e Agnolo di Ventura, *Mausoleo del Vescovo Guido Tarlati*, particolare, 1327-1330, Arezzo, Cattedrale. Sui pannelli della tomba sono raffigurati alcuni momenti dell'assedio di Chiusi. Una bastita in legno controlla dall'alto le fortificazioni cittadine. Tre torri, semplici piattaforme sostenute da robuste travi, consento ai difensori di disporre di piattaforme di tiro sopraelevate.

Almeno due vette minori furono presidiate dalle truppe di Raniero: la punta della Civetta[118] (m. 1198) e la sella di Caulera[119] (m. 1057), postazioni che vigilavano sulla mulattiera che saliva al Tirlo, la cui vetta si raggiungeva direttamente da Stavello, e sul sentiero che risaliva la cresta dalla bocchetta delle Pontiggie (m. 1170).

Posto ad una quota inferiore di duecento metri rispetto alla sella di Stavello, questo ultimo, in assoluto il più esposto di tutto il campo assediante, era vigilato da almeno tre bastite: Tirlo, Civetta e Caulera. La sella di Caulera si trova proprio al di sotto del monte Rubello, di fatto dislocata lungo un tratto pianeggiante di una delle creste del monte: un passaggio pressoché obbligato per discendere a Trivero, o per salire a Stavello. Ancora oggi la bastita che presidiava il colle è leggibile nelle sue linee generali; il suo fossato è stato colmato e trasformato in una strada mentre la sommità risulta spianata. A vigilare su questa postazione furono delegati per conto di Raniero, *quinque ex domini Crepacorii*[120].

A Caulera occorreva abbandonare il sentiero che portava a Stavello per scendere di cinquanta metri lungo il canale del Carnasco sino all'alpe delle Bonde (m. 996). Il cammino proseguiva alla stessa

---

[118] Civetta è l'italianizzazione di *Giovetta*, e quindi *iuvenca*, giovenca. Come in Caulera e Stavello anche in questo caso ritorna un riferimento alla pastorizia.

[119] Per quanto né Caulera né Stavello sia delle vette isolate, l'*Historia* si riferisce ad esse come *montem Sella Caularie* e *montem sive Sellam Stavelli*. *Historia*, p. 7, 22, 26

[120] Crevacuore nel 1306 era direttamente soggetta all'autorità del Vescovo di Vercelli. A sua volta il Vescovo nominava un castellano a gestire il feudo ed il castello. Nel 1270 la fortificazione era tenuta da un certo Brumasio, il quale fu allontanato dal suo incarico dal vescovo Martino Avogadro di Quaregna. Nel 1303 Brumasio fu nuovamente riportato alla sua antica mansione da Raniero; tuttavia Brumasio decise di non riconoscere l'autorità di Raniero, costringendo il vescovo a intervenire direttamente e assediare il castello di Crevacuore e deporre definitivamente il castellano. Dunque i cinque soldati erano alle dirette dipendenze del vescovo Raniero. CASALIS 1839, p. 636.

quota sin sotto la punta della Civetta dove, per raggiungere il filo di cresta, si doveva risalire di ottanta metri. Quest'ultimo rilievo incombeva sul canale del Carnasco e vigilava su tutto il percorso. La bastita del Civetta - spianata artificialmente ed i materiali ricavati accumulati sui bordi esterni ed interni del vallo - aveva, una volta completata, una forma oblunga i cui assi maggiori e minori misuravano, rispettivamente, 15 e 10 metri. Il fossato fu reso piuttosto profondo; largo dai 2 ai 4 metri e profondo 2,5. Nel versante Sud occidentale, ossia nel settore più esposto ad un assalto, proprio dove la cresta in direzione della bocchetta delle Pontiggie e al Tirlo, fu realizzato anche un secondo fossato.

Agli inizi di luglio la costruzione delle bastite che circondavano il monte Rubello era completata. Furono contratti mutui per pagare le truppe presenti in zona, quelle di Biella[121], Vercelli[122], mentre a Genova erano stati reclutati 400 balestrieri[123]. Amedeo V di Savoia si preoccupava personalmente di trasmettere i soldi ai suoi uomini, organizzati in una *banneria* ed impegnati nell'assedio[124]. La *banneria* non era semplicemente l'insegna del reparto, ma indicava un reparto composto mediamente da 25 uomini, che poteva essere sia di *miles* a cavallo sia di gruppi di fanteria. Nel XIV in Savoia gruppi misti di balestrieri e pavesari erano raggruppati in *bandiere* addestrate alla guerra in montagna con formazioni di *brigandi*, fanteria leggera arruolata localmente[125]. Una soluzione tattica che si rivelava piuttosto utile negli scontri su terreni accidentati; i *brigandi*, manovrando con tattiche veloci e con armamento leggero, impegnavano il nemico, lo tenevano lontano dalla colonna delle mentre le truppe regolari mentre salivano e prendevano posizione nei luoghi più vantaggiosi schierarsi in attacco.

L'assalto alla sella di Stavello fu deciso per l'estate del 1306. L'idea era quella di occupare stabilmente il vasto pianoro ed edificarci sopra una bastita dove acquartierare una guarnigione. Si voleva da un lato privare i dolciniani della loro principale area di stanziamento, di sicuro la più comoda, e minacciare direttamente le fonti dell'acqua, poste al margine meridionale della Sella, dall'altra entrare finalmente in possesso della piana grande e bella adatta al combattimento decantata dall'Anonimo. Le squadre destinate a costruire la fortificazione, appartenenti al comune di Vercelli, si misero in marcia dal Tirlo verso la sottostante piana di Stavello; probabilmente la maggior parte dei lavoranti era disarmata, equipaggiata solo con i propri strumenti di scavo. I *fideles* giunsero sulla sommità del pianoro appena in tempo per essere assaliti dai dolciniani che scendevano *desuper,* dal Rubello. Schieratisi in posizione dominante erano andati all'attacco prima che il nemico potesse organizzarsi a difesa del cantiere della nuova fortificazione che pertanto neppure venne iniziata. I crociati si erano dati alla fuga lungo il sentiero che poco prima avevano risalito. Inseguiti, furono fatti a pezzi nei difficili passaggi del canale che separa Caulera da

---

[121] Il muto fu contratto il 4 luglio 1306 *pro solvendis soldis [soldareriis] qui steterunt et stabunt ad bastiam contra peximum Dulcinum et eius sequaces.* GABOTTO 1896, p. 27.

[122] Per pagare i propri uomini il Comune vendette un borgo franco, *Burgeti Padi* – Borghetto Po - a Simone di Collobiano per 150 lire pavesi; *1306, 19 iulii. Requisitio comuni vercellensi per d. Simonen advocatum dictum de Colobiano, quod traderetur ei locum, sive receptum Burgeti Padi inhabitatum sub promissione illum habitari faciendi, ita et taliter quod a die dationis in antea homines qui ibi venerint ad habitandum solvant comuni praefato fodra et scuffias in aestimo librarum 10 pap., semostam ideo faciendo de libris 150. Cui comune annuens eidem dictum receptum dedit et vendidit precio predicto. Quae pecunia data fuit militibus existentibus apud Triverium contra perfidum Dulcinum.* ADRIANI 1877, p. 635. Il borgo era stato fondato nel 1217 in prossimità di un ricetto già costruito a difesa e controllo di un nuovo ponte sul Po a monte di Casale Monferrato, dopo una serie di accordi stipulati tra Vercelli, Milano ed Alessandria nel 1214-124. Il territorio di Borghetto Po, che fu abbandonato dai propri abitanti nel corso del XIV secolo, confinava con quello di Trino, Pontestura, Villanova, Balzola e Casale Monferrato. PANERO 1988, pp. 54-55.

[123] Il 15 luglio 1306 *Thomas Grillacius et Nicolaus de Mari constituti super accipiendo balistarii qui iverunt contra fratrem Dulcinum. Foliatium notariorum,* p.21. La presenza dei balestrieri genovesi è confermata da Benvenuto da Imola, *nam viduae de Ianua miserunt quadrigentos balistarios*; BENVENUTI RAMBALDIS DE IMOLA, p. 360-361.

[124] Il conte di Savoia Amedeo V si era già informato sulla vicenda dolciniana sin dall'aprile del 1306, quando aveva inviato un ambasciatore presso i vescovi di Vercelli e Novara. Il diplomatico già il 16 aprile era stato pagato per il viaggio; *In stipendiis unius noncii missi de mandato Domini, ut dicit, versus Novagriam et Vercellis pro habendis responsionibus episcoporum dictarum civitatum super facto fratris Doucini, et in refferendo responsionem ad dominum Comitem in exercitu intermoncium, XXX sold.* Tra la fine di giugno e gli inizi di luglio il conte di Savoia paga ancora venti soldi, *in stipendio unius clienti, [qui] portavit banneriam domini Comitis in quidam fortericia Dulcini.* GABOTTOa, p. 267.

[125] NICOLLE 1999, p. 31.

Stavello. Dalla bastite vicine giunsero rinforzi in soccorso dei compagni assaliti e tagliati fuori, col solo risultato che i cinque soldati di Crevacuore, che presidiavano Caulera, furono uccisi insieme a molti altri. Numerose anche le perdite tra i dolciniani. I corpi degli uccisi furono gettati nel canale nel quale confluiscono le acque sorgive del Rubello. Scrive l'Anonimo che l'acqua si tinse di rosso giungendo a colorare anche quella del sottostante fiume Sessera. Da qui, a memoria di quella strage, il nome Carnasco preso dal rivo[126].

---

[126] HISTORIA, p. 7, 24-30; *[...] ipsi perniciosi Gazzari fuerunt desuper et irruerunt in dictas gentes fidelium et multi de utraque parte interfecti fuerunt, inter quos fuerunt mortui quinque ex dominis Crepacorii, qui steterant ad gubernandum alium montem, qui dicitur Sella Caularie. Multi igitur de utraque parte mortui et multi vulnerati fuerunt et proiecti in quodam flumine, qui postea appellatus fuit rivus Carnaschus, eo quod aqua illius fluminis erat rubra velut sanguis propter corpora inerfectorum et vulneratorum, que proiecta fuerant in dicto flumine rivi Carnaschi et descendebat ipsa aqua rubra usque in alio flumine, quod dicitur Sessera.*

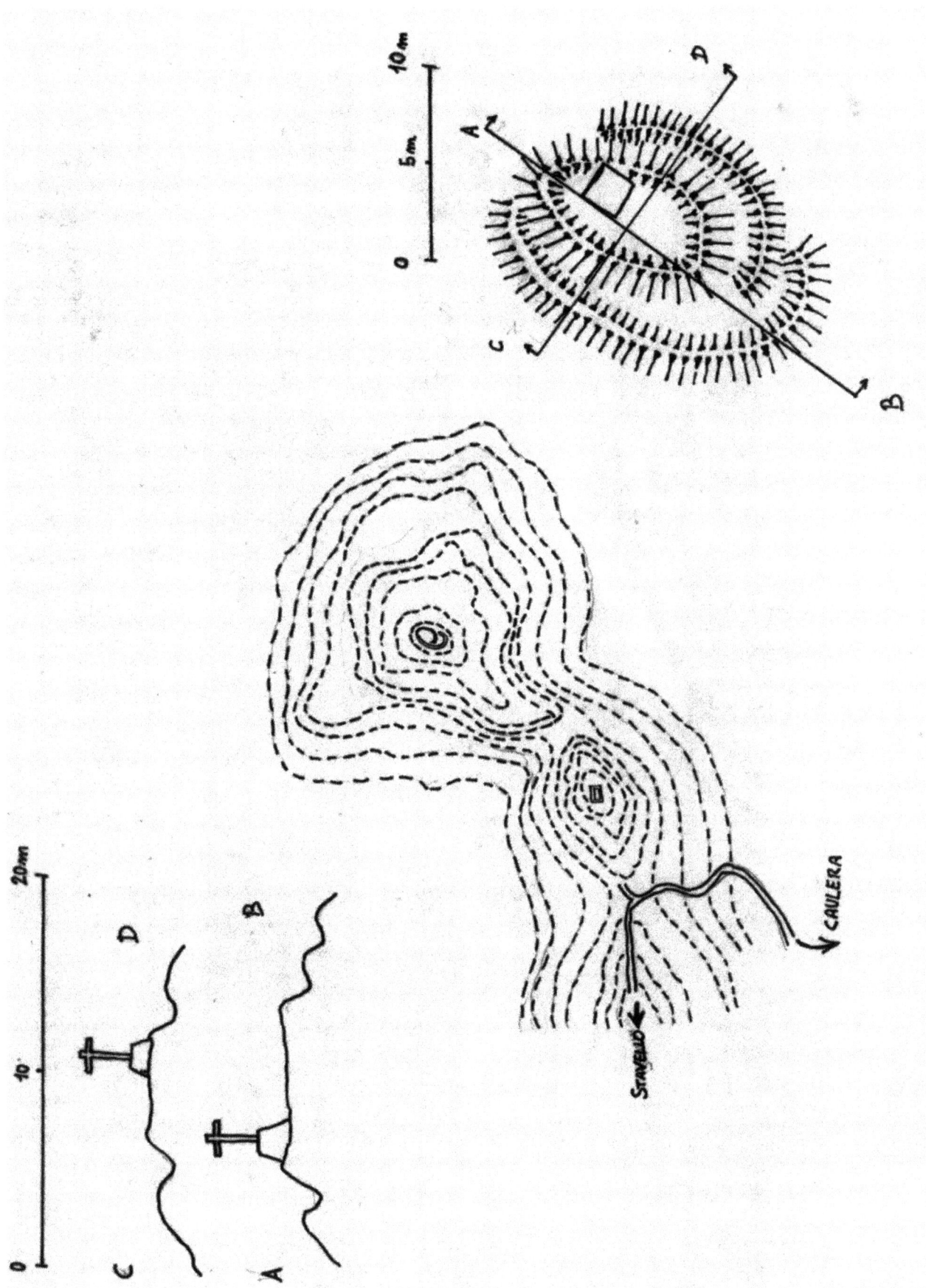

Tav. 6

Tav – 6 (pagina precedente). La Bastita della Punta della Civetta e la sua collocazione rispetto al sentiero che mette in comunicazione la Sella di Caulera con il Monte Tirlo. Dal momento che era di fatto impraticabile la strada che dalla Sella di Stavello risale il fianco del monte, divenne giocoforza necessario utilizzare la comunicazione alternativa che, scavalcando la Sella di Stavello e il Canale del Carnasco, saliva alla Bocchetta delle Pontigge. Il percorso, tra i più pericolosi in quanto posto assai vicino alla Sella di Stavello, era controllato non a caso da almeno tre bastite, Caulera, Civetta e Tirlo.

Fig. 15. Ser Cambi da Lucca, *Croniche del Codice Lucchese*, fine XIV secolo, Lucca, Archivio di Stato. Su un rilievo nei pressi della città di Lucca è eretta una bastita. Si noti come i genieri utilizzino pali lignei già preparati e traforati, in modo da ridurre al minimo il numero di lavoranti nonché materiale da costruzione quale chiodi o funi. Il personale destinato alla costruzione delle bastite per la crociata contro gli eretici dolciniani subì gravi perdite durante la prima battaglia per la Sella di Stavello (estate 1306).

Tav – 7 (pagina seguente). La prima battaglia di Stavello (estate 1306); un gruppo di crociati scesi ad occupare Stavello venne assalita e dispersa, mentre rinforzi di armati saliti in appoggio da Caulera furono disfatti nel vallone detto poi "del Carnasco". È evidenziata la presunta area dell'insediamento dolciniano. Le frecce nere indicano i movimenti dei dolciniani, quelle bianche quelle dei crociati

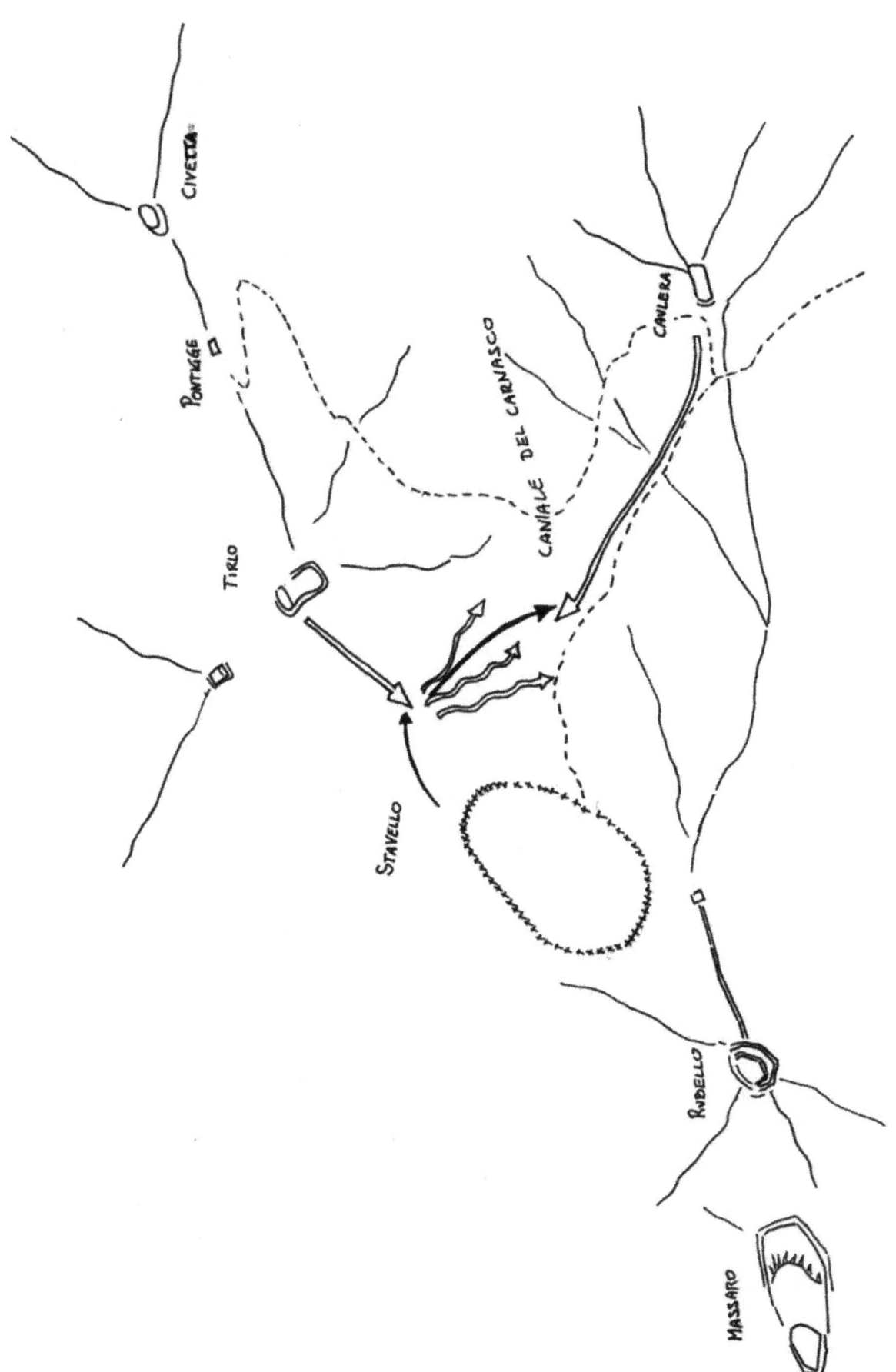

Tav. 7

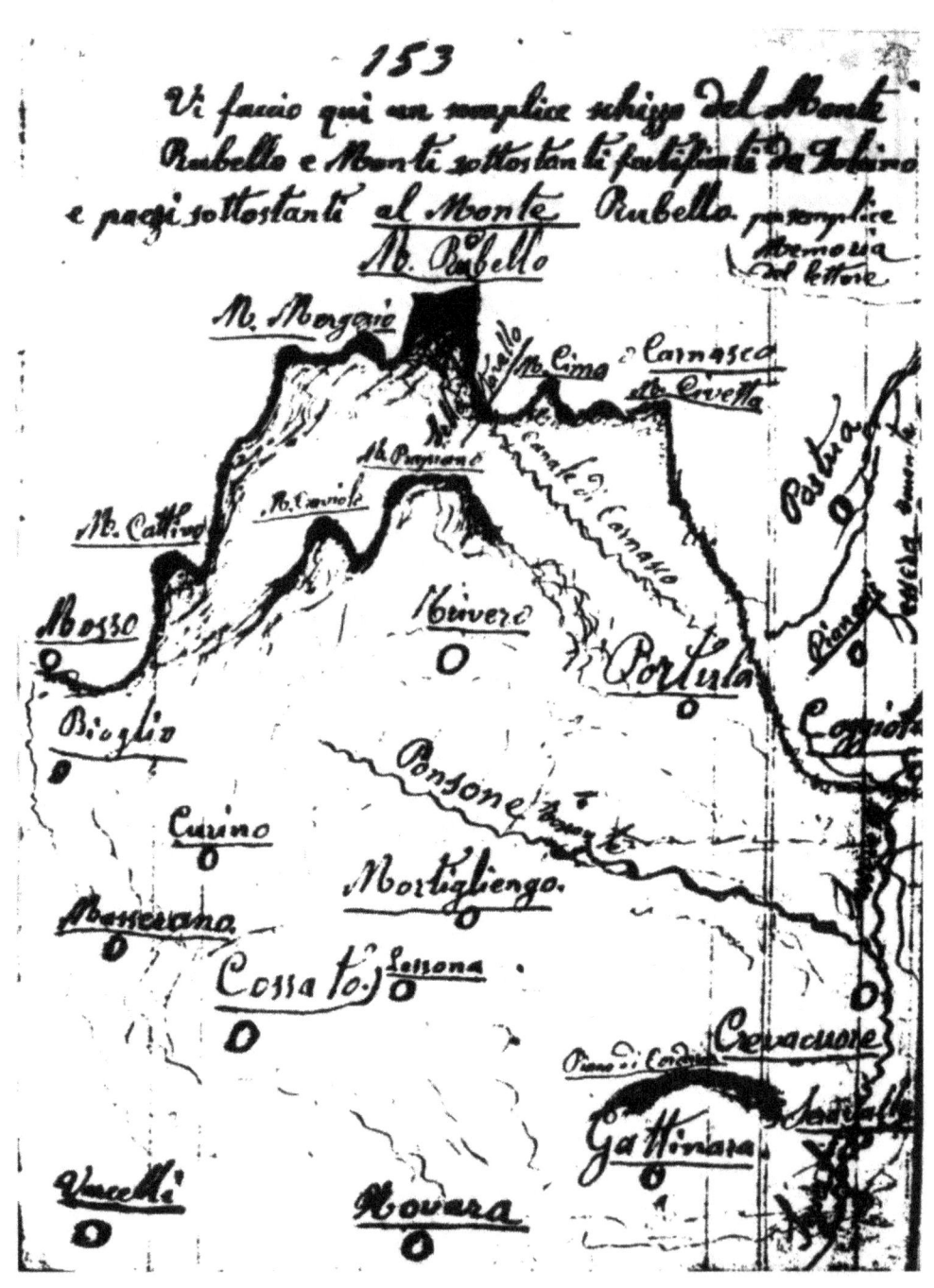

Fig. 16. L'archivio comunale di Trivero conserva questo disegno nel quale sono indicati i profili dei monti che, alle fine del XIX secolo, si pensava fossero stati fortificati ed abitati dagli eretici dolciniani. *Ragguaglio delle cose fatte dopo la distrusione delli Gazzari e di Dolcino nel Monte Rubello o S. Bernardo, 1782.*

La prima battaglia della sella di Stavello, avvenuta attorno alla metà di agosto del 1306, si era conclusa con una sconfitta crociata. Dopo di essa il progetto dell'assedio in quota apparve improvvisamente impraticabile. Fu l'inizio del rovesciamento della tattica messa in opera fino ad allora. I comandanti militari, sia alle dipendenze del vescovo sia del Comune, decisero di abbandonare tutte le postazioni al di fuori del Tirlo e del Massaro e di ritirarsi a migliore difesa dei centri abitati, Mosso, Trivero e Crevacuore. I dolciniani occuparono oltre al Rubello e a Stavello, altri sei sommità tra cui il Civetta, Caulera, le Pontigge, il Craviolo, a Occidente, e la Cima della Ragna e quota 1405 sul Massaro[127]. Si riaprì inevitabilmente anche il lato diplomatico del conflitto. Clemente V scrisse, alla fine di agosto, tre lettere all'Inquisizione, all'arcivescovo di Milano e Lodovico di Vaud perchè si facessero carico con maggiore vigore della crociata contro i dolciniani.[128].

Con l'avviarsi dell'autunno e poi dell'inverno i rifornimenti per le bastite ancora presidiate divennero precari, con gravi ripercussioni sul morale della truppa crociata; atrocità e uccisioni divennero sempre più frequenti anche al di fuori di situazioni di combattimento, sia da parte dolciniana[129] che crociata[130]. I dolciniani erano consapevoli che una volta catturati non ci sarebbe stata per loro nessuna pietà. Anche per questo gli attacchi contro i crociati furono condotti sia da uomini che da donne che *vestimenta et arma virilia ferebant* così da far sembrare l'*exercitus* di Dolcino più numeroso di quanto in realtà non fosse. Un espediente che aveva dato i suoi frutti[131].

Nel dicembre del 1306, dopo abbondanti nevicate che resero di fatto impossibili le già difficili comunicazioni con i villaggi sottostanti, le bastite del Tirlo furono incendiate e abbandonate[132]. Il primo segnale d'abbandono era venuto dai vercellesi che, senza avvisare in alcun modo i compagni

---

[127] HISTORIA, p. 7, 31-35; *Capitanei igitur et exercitus domini episcopi et communis Vercellarum descenderunt versus loca Moxi, Triverii et Crepacorii et dicti pestiferi canes sex alios montes ibi prope existentes de suis gentibus munierunt, qui loca circumstatia personas et bona, quandocumque opportunitas eis aderat, destruebant et super ipsis sex montibusmagnas fecerunt bastitas et magna fortalicia*. Parte delle *bastitas* e dei *magna fortalicia* dolciniani altro non erano che postazioni crociate abbandonate.
[128] BERNARDO GUI, *De secta illorum* cit., p. 27, 25-28; *[...] passus autem et loca, per que possent ad predictos Dulcinum et sequaces eius ferri victualia, sic faciat custodiri quod eadem victualia nullo modo pertractari valeant, vel haberi accessus hominum ad eosdem, ut taliter cohartati venirent ad mandata ecclesie compellantur[...]*.
[129] HISTORIA, p. 9, 29-36. *Ipsi namque Gazzari, dum erant in monte Triverii predicto, multo de fidelibus Christi suspenderunt in furcis, inter quos fuit suspensus quidam puer parvulus innocens etatis decem annorum vel circa. Item multos alios viros suspenderunt videntibus uxoribus et parentibus, quia non volebant se redimere arbitrio predictorum canum. Quosdam fame in carcere mori fecerunt; quisdam mulieri pregnanti manum et brachium amputaverunt, que in crastino peperit super dicto monte et filius natus statim periit sine baptismo*. Ovviamente gli eccessi commessi dai dolciniani sono enfatizzati da parte dei vincitori. Gli impiccati sembrano, per la verità, vittime di una controrappresaglia piuttosto che non di una esecuzione deliberata mentre i morti di fame in carcere furono vittime della mancanza di cibo che colpiva la stessa comunità assediata.
[130] Antonio da Casale e Giacomino da Ferrara, due eretici catturati nel corso delle operazioni belliche, furono giustiziati senza neppure essere processati dall'inquisizione. loro sorte fu trascritta nei documenti del Comune di Vercelli, gli uomini che li catturarono utilizzarono a loro vantaggio questo fatto, quando furono loro cancellate delle ammende in denaro che dovevano estinguere. Antonio fu catturato da Pietro Bona da Masserano, mentre Giacomino fu fatto prigioniero da Uberto Cortella e Pietro Zucca da Mortigliengo. I tre personaggi gratificati giungevano da abitati posti nelle vicinanze della zona degli scontri. Mortigliengo è sito a dominio della Valle Strona, mentre Masserano era posto a controllo dell'imboccatura di detta valle; *1307, 26 julii. Liberatio a condemnatione librarum 50 pap. Favore Ardicionis de Palestro per d. Guiliemum de Berrua potestatem Vercellensem, instantibus Ioannino de Castagneto, et Petro Bona de Messerano, eo quia consignaverat in manibus d. Thomae de Surexina potestatis Vercellarum, tempore quo erat cum exercitu contra perfidum Dulcinum, Antonium de Casali qui inde morti traditus fuit: et hoc vigore Statutorum: 1310, 2 septembris. Liberatio Otelli filii naturalis q. Joannis de Bellino a banno librarum 50 pap. In quibus condemnatus fuerat, ad istantiam d. Ruffini de Miralda. Procuratoris et nomine d. Martini de Montonario jura cessa habentis per d. Ubertum Cortellam et Petrum Zuccum de Mortiliengo, qui consignaverant in manibus justitiae vercellensis Iacobinum de Ferraria sectatorem et socium perfidi haeretici Dulcini*. SEGARIZZI 1907, p. XXXVIII, n. 2.
[131] Avveniva dunque che anche numeri esigui di eretici avevano buon gioco nel mettere in fuga anche numerosi avversari e a cercarlo in località molto distanti dal Rubello, quali Crevacuore, Curino e Mortigliengo. HISTORIA, p. 10, 13-18; *imo sepissime mulieres vestimenta et arma virilia ferebant, ut per hoc maior ipsorum exercitus appareret isque potius timeretur. Et ideo homines diocesis Vercellarum erant ita perterriti et tabefacti, quod a facie ipsorum canum quantum poterant fugiebant, imo sepissime pauci de ipsis multos de fidelibus persequebantur et expugnabant usque ad mortem et totaliter confundebant;*, p. 9, 36-37; *Villas Moxi, Triverii, Cozzule, Flechie et plures cantonos in Crepacorio ac plures domos in Mortiliano et Quorino totaliter destruxerunt et combusserunt*.
[132] HISTORIA, p. 10, 19-22; *De mense vero decembris proxime subsequentis capitanei bastite Vercellarum, ubi ibi erant in custodia, quodam nocte recesserunt et bastitam cum tentoriis combusserunt et bastita domini episcopi, que erat in monte predicto a parte opposita, contra premissos nefandos Gazzaros sola remansit*.

59

d'arme acquartierati nella fortificazione del Massaro e approfittando dell'inazione del nemico, durante la notte avevano lasciato le fortificazioni. Con i dolciniani che presidiavano tutte le vette intorno al Tirlo e i passaggi obbligati la ritirata durante la notte era giocoforza. Avevano anche dato fuoco alle proprie installazioni militari, tende, palizzate e tutto il materiale bellico lassù custodito e con l'incendio avevano fatto sapere ad amici e ai nemici che la postazione era stata abbandonata.

La bastita di quota 1404 del monte Massaro con all'interno ancora 700 uomini, era stata lasciata a difendersi da sola. Un nucleo consistente ma in una posizione che una settimana dopo l'altra era diventata insostenibile per le difficoltà ad assicurare le necessarie retrovie e rifornimenti. Poco dopo la fuga dei vercellesi, anche gli uomini di Raniero ricevettero con un minimo di cibo l'ordine di evacuare la loro fortificazione. Distrussero i loro temuti trabucchi e, correndo il rischio di un'imboscata dolcinaniana, finalmente giunsero, dopo una difficile marcia nella neve, sani e salvi a Mosso[133].

Posizioni dell'assedio invernale

Per indurre i dolcinani ad accettare *mandata ecclesie*, ossia per costringerli alla resa, occorreva stendere un cordone sanitario intorno al monte Rubello. Trivero, Mosso, Coggiola e Flecchia, che già avevano subito gravi danni in seguito agli avvenimenti dell'assedio, furono evacuati dai loro abitanti, in modo tale da creare il vuoto intorno all'accampamento degli eretici durante l'inverno[134]. Era chiaro dunque che nelle vicinanze del monte cibo non ce ne sarebbe stato a sufficienza. Occorreva pertanto chiudere tutte le strade verso i solchi vallivi e la pianura biellese e portare e affamare i difensori del Rubello[135].

Due erano i cardini sui quali impostare il nuovo sbarramento; i castelli di Crevacuore e Curino.
Il castello di Crevacuore, posto a chiusura della della Val Sessera, era tra le strutture più imponenti e meglio fortificate della zona, si trovava su un rilievo posto alle spalle del paese alla confluenza dello Strona e del Sessera. Contingenti di Cravacuore avevano già preso parte alle crociata riportando perdite, e alcuni territori e abitazioni del borgo erano state incendiate in seguito a combattimenti con gli eretici. L'altro punto forte era il castello di Curino, il cui mastio è oggi il

---

[133] HISTORIA, p. 10, pp. 22-28; *Ibique erant homines domini episcopi septigenti vel ultra in bastita predicta in nivibus et sine victualibus et cum periculo maximo, ita quod nullus valebat succurrere eis nec accedere ad eosdem sine magno periculo personarum suarum. Sed deo volente prefati homined domini episcopi, transmisso eis succursu per ipsum dominum episcupum necessario, ut expediebat, per cacumina montium, ubi erat nives, ipsi homines de dicta bastita prfati domini episcopi sani et incolumes divina gratia eos protegente descenderunt ad locum Moxi et alias villas circumstantes.*

[134] Gli abitanti delle montagne sotto il Monte Rubello si trovarono letteralmente tra l'incudine ed il martello, qualunque sia fosse stata la loro posizione pro o contro Dolcino od il Vescovo. Limitandoci ad alcune riflessioni sui 4000 fanti che Raniero sarebbe riuscito a raccogliere per l'ultimo assalto al Monte Rubello, gli obblighi vassallatici dovevano, in linea di principio, soddisfare anche le esigenze alimentari dei combattenti, se non con l'approvvigionamento diretto, almeno rendendolo più facile, ma l'abituale mancanza di un'organizzazione logistica militarizzata e gerarchizzata, che provvedesse in modo continuo e soddisfacente alla sussistenza delle truppe operanti, induceva ovviamente a compiere requisizioni a danni dei civili. Il saccheggio indiscriminato, poi, era una pratica comune presso gli eserciti medievali, e non si faceva molto caso se chi era depredato fosse amico o nemico Occorrerebbe, a rigore, distinguere tra prelievi fatti per le strette necessità di sopravvivenza e il saccheggio a scopo di mera rapina. Machiavelli con una felice intuizione così sintetizza la situazione della truppa che ruba, stupra e saccheggia; *dal volersi potere nutrire nascono d'ogni tempo nascono le ruberie, le violenze, gli assassinamenti che tali soldati fanno così agli amici come ai nimici.* Violenza consentita dai comandi? Consentita se non incoraggiata, perché *tu non puoi castigare uno soldato che rubi, se tu non lo paghi, né quello, volendo vivere, si può astenere dal rubare.* MACHIAVELLI 1937, pp. 12, 162. HISTORIA, p. 10, 28, si limita ad affermare che *relicte sunt omino.* Non è da escludere che l'abbandono dei villaggi, o di parte di essi, fu una concomitanza di cause; gli ordini del vescovo, le violenze dei suoi soldati e dei dolciniani, i conseguenti saccheggi e le devastazioni. Se l'ordine di evacuare i centri abitati posti al di sotto del Rubello fu effettivamente trasmesso, ben pochi nel dicembre del 1306 dovevano essere gli abitanti rimasti in quelle terre travagliate dalla guerra.

[135] HISTORIA, p. 10, 31-37; *Tunc vero prefatus dominus episcopus considerans quos hyems erat et predicti heretici pestiferi vivere non valebant dicto tempore in dicto monte sine penuria, tum in loco Bedulii tum in loco et territorio Moxi et etiam super quodam monte, qui dicitur Rupella, tum in territorio Mortiliani, scilicet villis submissis ecclesie vercellensi et dicto domino episcop et in montibus Quorini, quinque bastitas fieri ordinavit, christanorum undique confluentium suffragio mediante, et castra sua et fortalicia fecit melius solito muniri et custodiri.*

campanile della chiesa di S. Giorgio. Posto su di un rilievo alto 552 metri controllava l'ampia conca di Curino, fungendo da collegamento con cinque nuove bastite costruite ex-novo nel settore occidentale del perimetro.

La prima bastita fu eretta sul Colmetto (922 m.) nel territorio di Mosso (*in loco et territorio Moxi*). Questa fortificazione non è i contatto visivo diretto con il Rubello. La sua funzione principale era quella di controllare la via che a mezza costa recava a Biella attraverso Veglio e le vie di cresta a occidente del Rubello. Il culmine della vetta fu spianato sino ad ottenere un ripiano circolare di 20 metri. Al suo interno troviamo le rovine di una costruzione quadrangolare di cui si vedono solo i basamenti di pietre sbozzate. Un ampio fossato circonda la struttura; la sua altezza varia, a seconda dei punti, da 4 m. ad oltre 5 verso monte, da 2 m. a 2.5 verso valle. Il perimetro della struttura, tra le più imponenti di quelle erette in occasione dell'assedio, misura 100 m. Indagata superficialmente durante la campagna di scavo del 1991/1992 all'interno della bastita furono notate buche da palo.

Altre due strutture fortificate furono allestite sui monti S. Eurosia (m. 826) e Rovella (m. 889) a controllo della valle dello Strona e dei passi che conducono a Biella. La Bastita di S. Eurosia, *in loco Bedulii*[136], fu costruita secondo la stessa tipologia del Colmetto. Lunga una quarantina di metri e larga circa dieci, era difesa da un doppio fossato ora gran parte colmato dall'azione di dilavamento. Una cappella è stata eretta all'interno del perimetro fortificato, databile al XV/XVI secolo. Gli scavi della Soprintendenza hanno rilevato lo scavo del fosso, ben definito e approfondito, ma una sostanziale mancanza di buche da palo, almeno nei saggi aperti.

La Bastita della Rovella, *super quedam montem qui dicitur Rupella*, era un ottimo osservatorio. Dalla sua sommità si controllava tutto il versante meridionale del Rubello, la valle Strona, il territorio di Mosso e quello di Bioglio, nonché era in grado di mettere in comunicazione visiva tutte le cinque nuove bastite di Raniero.

---

[136] Ossia a Bioglio, villaggio posto a sud dei monti Santa Eurosia e Rovella. Attualmente fa parte del Comune di Pettinengo. Sino al 1623, tuttavia, Pettinengo risultava essere una frazione del feudo di Bioglio, quando ottenne una propria autonomia amministrativa. GIOVANNACCI AMODEO 1988, pp. 256-257.

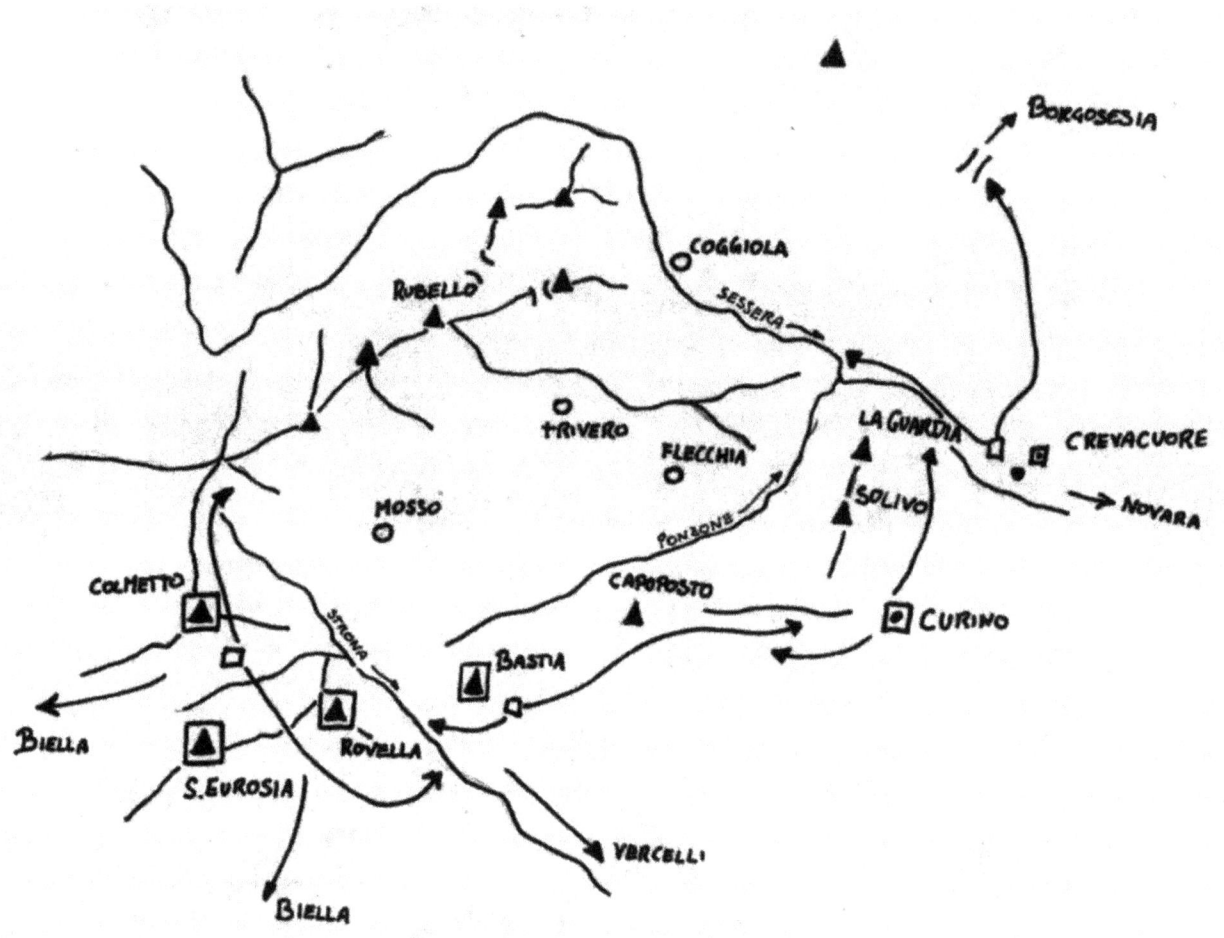

Tav - 8. Collocazione delle Bastite crociate per le fasi dell'assedio che vano dalla fine di dicembre del 1306 al marzo del 1307. Le frecce indicano le aree che pattuglie di crociati potevano coprire appoggiandosi ai vari siti fortificati.

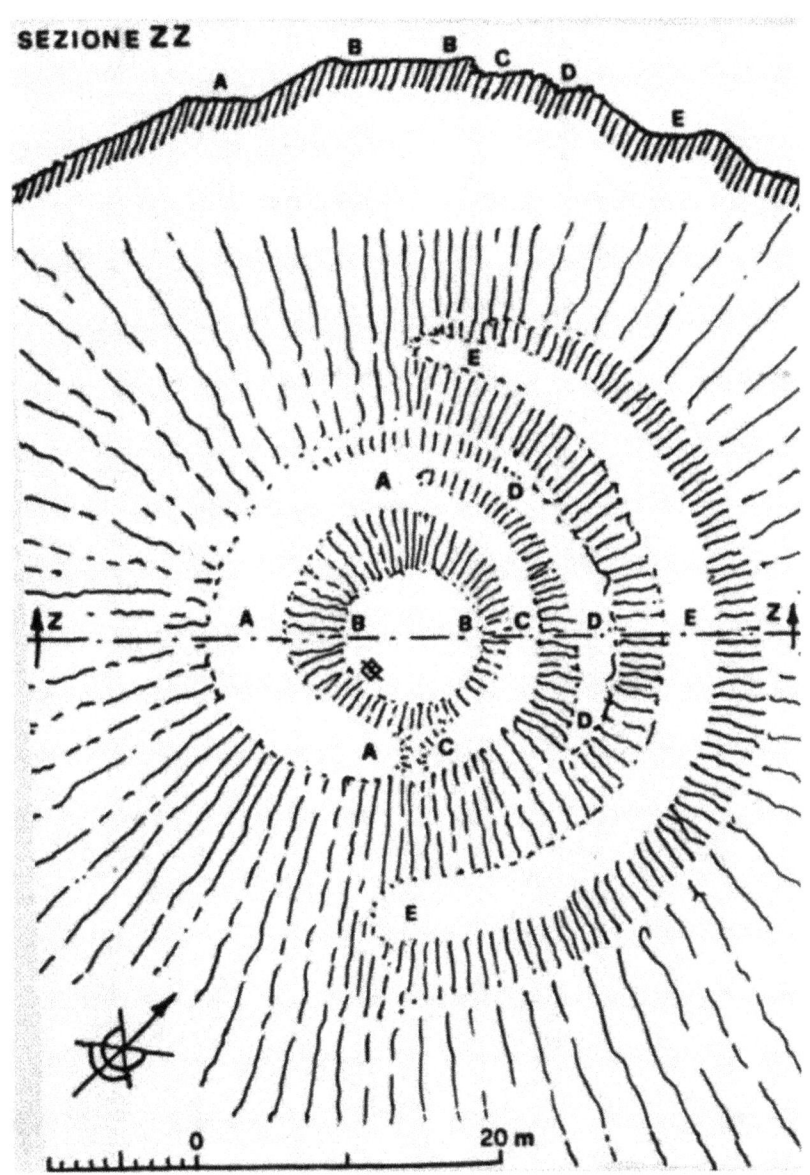

Tav – 9. Pianta delle fortificazioni del Monte Rovella (disegno tratto da Mario e Paolo SCARZELLA, *Le fortificazioni dolciniane*, in *Immagini del vecchio Biellese*, Biella 1981, p. 360). La Rovella era la chiave di volta del cordone sanitario organizzato dal Vescovo Raniero a partire dal dicembre del 1306. Dalla Rovella si aveva una visione globale del territorio assediato e delle altre postazioni crociate.

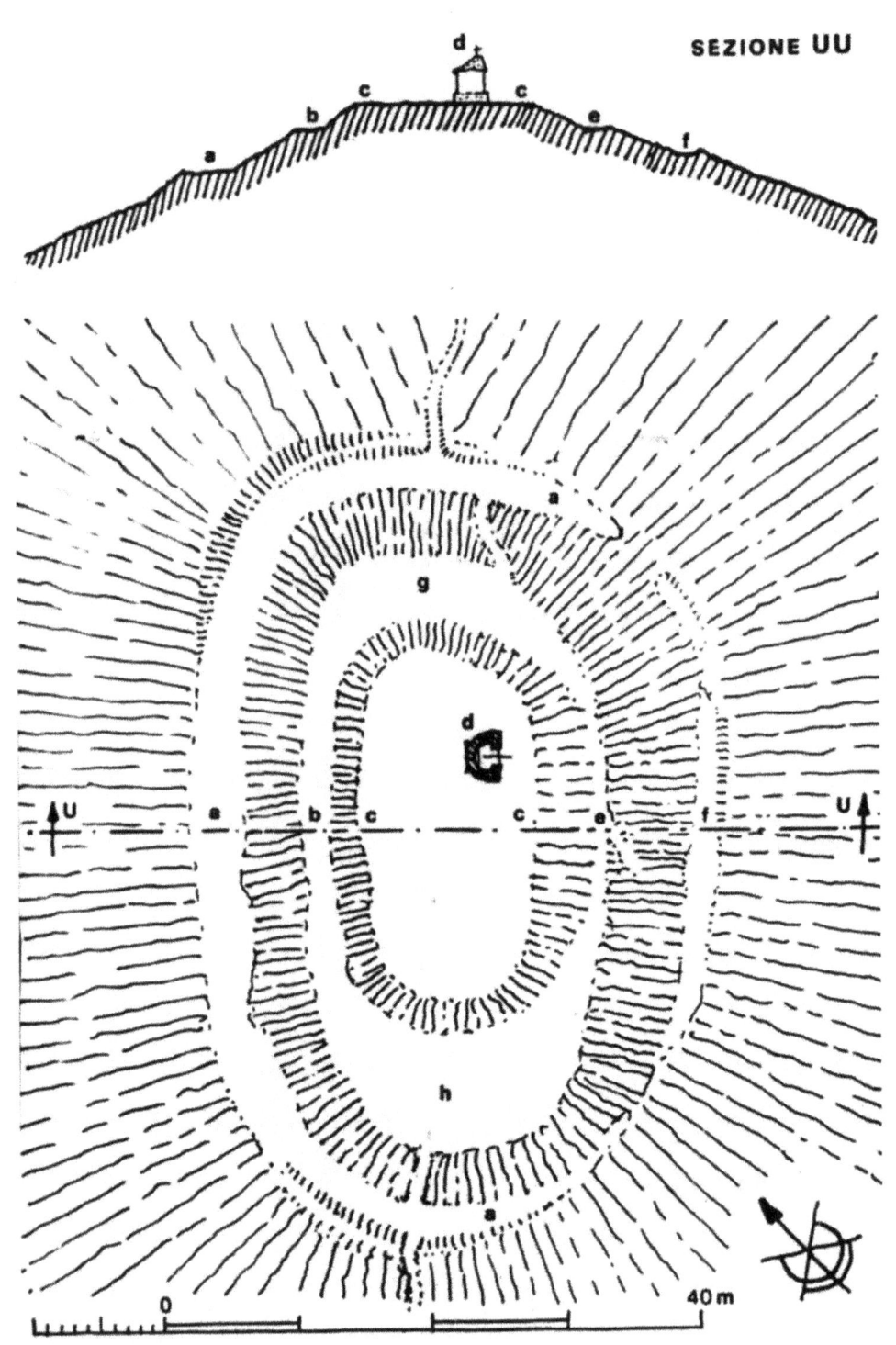

Tav – 10. Pianta delle fortificazioni del Monte Santa Eurosia (disegno tratto da Mario e Paolo SCARZELLA, *Le fortificazioni dolciniane*, in *Immagini del vecchio Biellese*, Biella 1981, p. 363). La Bastita di S. Eurosia controllava con quella della Rovella le comunicazioni ed i passi che recavano verso Biella. La loro collocazione, tuttavia, sulla cima di rilievi piuttosto marcati, suggerisce una precipua destinazione ad osservatorio prima ancora che di vero e proprio sbarramento nei confronti di provenienze dolcinane.

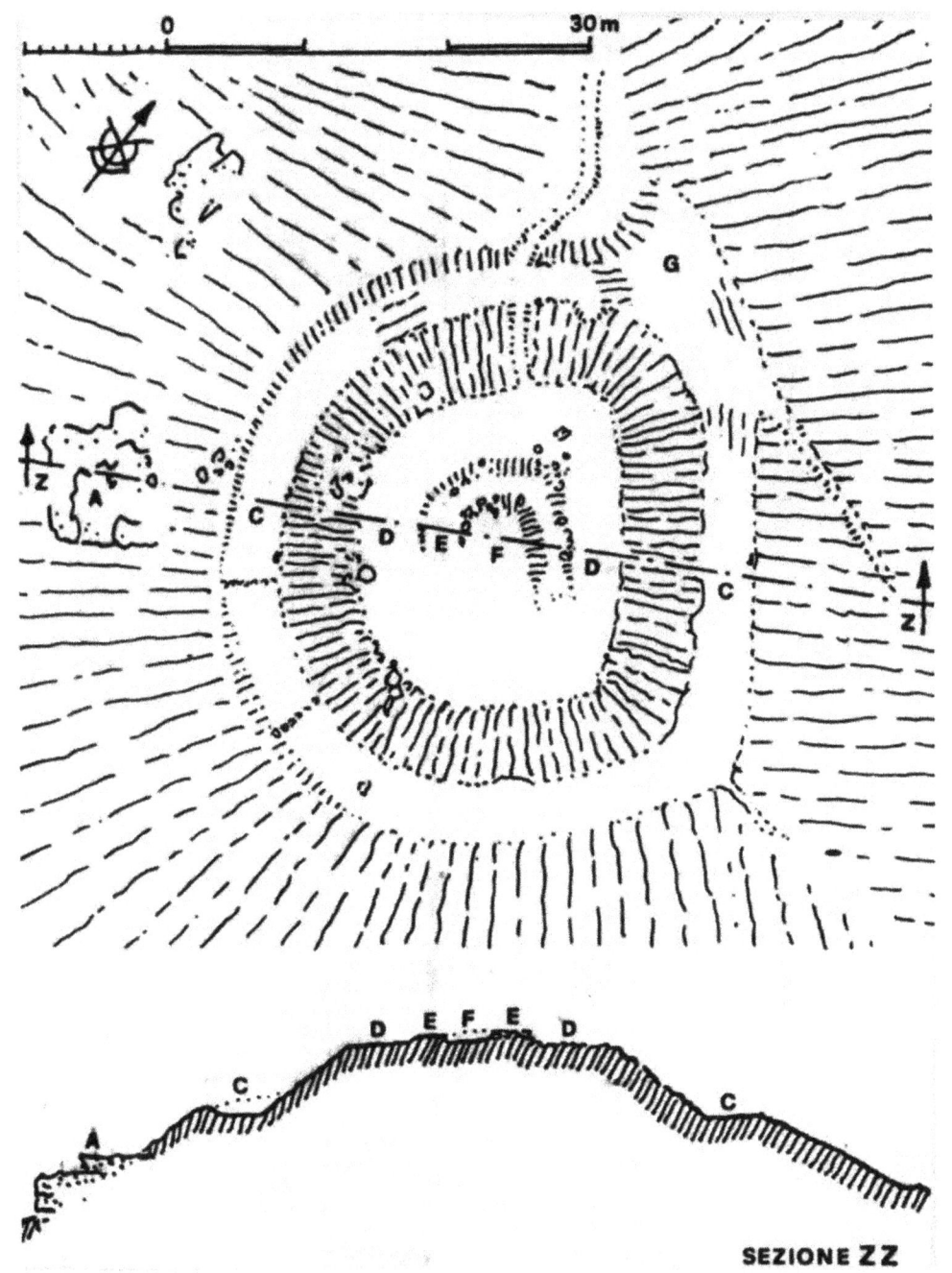

Tav – 11. Pianta delle fortificazioni del Colmetto (disegno tratto da Mario e Paolo SCARZELLA, *Le fortificazioni dolciniane*, in *Immagini del vecchio Biellese*, Biella 1981, p. 365). La bastita del Colmetto non controllava direttamente il Monte Rubello, quanto piuttosto le vie di comunicazione che per vie di cresta salivano a Bocchetto Sessera e al Monte Massaro nonchè quello, a mezza costa, che recavano verso Biella in alternativa al cammino di Bioglio.

Tav – 12. Ricostruzione di un combattimento tra una pattuglia di crociati a cavallo e un dolciniano nell'inverno 1306-1307. Il dolciniano in fuga è armato con "lancia-vomere" simile a quello illustrato alla tavola 12. Attualmente non sono conosciuti ritrovamenti, anche di antica data, di ossa o sepolture riferibili alla permanenza dei dolciniani sul Monte Rubello. Assai probabilmente i corpi degli eretici furono tutti bruciati e le ossa disperse.

La sommità del monte fu spianata, ottenendo un'area piana di circa 7 metri di diametro. Tutt'intorno fu scavato un fossato di largo 3 metri e profondo 2. La fortificazione è stata oggetto di una attenta indagine archeologica nel 1991; gli scavi hanno permesso di comprendere come il vallo dell'opera racchiudesse più che strutture lignee o baraccamenti un accampamento formato da attendamenti; del resto si trattava di un insediamento che perdurò per circa tre mesi, ossia per un periodo piuttosto breve. In un secondo tempo fu eretto un edificio circolare, dotato di un porticato, che funzionava da cappella.

Un'altra fortificazione si trovava sui monti Bastia (m. 677) nel cuneo formato dal solco dello Strona di Cossato e il torrente Ponzone *in territorio Mortiliani*; la sommità del monte è stata interessata dalla costruzione di una cappella circolare, come in molti altri luoghi legati alla vicenda dolciniana[137]. Una serie di ripiani ad uso agricolo hanno interessato l'area della fortificazione della quale ora rimane solo il toponimo. Infine fu eretta una bastita sul colle detto in la Guardia (m. 785) nel territorio di Curino, *in montibus Quorini*, favoriva il controllo del Sessera là dove le sentinelle del castello di Curino non riuscivano a vedere. Il Rubello veniva tenuto sotto controllo da una serie di punti di osservazione, in siti abbastanza elevati da consentire un'ottima e completa visuale, appoggiati da altri centri fortificati più consistenti. Questi furono fortificati ma, come gli scavi del 1991 hanno dimostrato, presidiati da pochi armati. Non si trattava di una novità per i sistemi bellici dell'epoca: in quegli stessi anni i cavalieri teutonici utilizzavano un sistema simile per mantenere sotto controllo le turbolente province baltiche, facendo uso di piccoli centri difensivi in contatto visivo fra loro e in grado di osservare ampie porzioni di territorio ostile[138]. Grazie a questi "occhi" era possibile indirizzare con precisione e velocità contro le sortite dolciniane le pattuglie crociate che battevano la zona: l'adozione della nuova strategia si rivelò talmente efficace da impedire ogni movimento agli assediati, frustrandone i tentativi di rompere l'accerchiamento.

Le pattuglie, date le loro funzioni, erano per lo più montate, destinate a muoversi entro un percorso ad anello appoggiandosi a posti tappa già prestabiliti, intorno al "monte dei Gazzari". I rilievi tra Crevacuore e Trivero, infatti, non sono inaccessibili alla cavalleria, e una truppa montata risultava estremamente utile per muoversi con velocità; questo fattore consentiva alle pattuglie crociate di controllare una maggiore porzione di territorio nel corso di un singolo turno di guardia. Quindi, individuato un pericolo, un gruppo di dolciniani o un qualsiasi elemento che occorreva visionare, questi armati non si limitavano ad attendere il nemico sulle loro posizioni, ma entravano nel territorio abbandonato e entravano in contatto con le forze avversarie[139].
Allestita la linea delle bastite, il vescovo di Vercelli s'avviò a raccogliere il compenso della sua tenacia. Per Dolcino ed i suoi incominciarono l'ultimo freddo e la grande fame.

---

[137] Si veda, ad esempio, la Rovella, Sant'Eurosia ed il monte Rubello stesso.
[138] NICOLLE, *Medieval Warfare* cit., p. 125.
[139] Rimane da stabilire de fossero stati eretti anche dei blocchi stradali fortificati, oppure dei luoghi dove truppe crociate erano accampate a controllo delle comunicazioni viarie. Senza dubbio punti di controllo dovevano esistere, in quanto le sole bastite, posta in quota e sulla sommità di rilievi, da sole non potevano bloccare provenienze dolciniane dirette verso l'esterno. Uno di questi "posti di blocco" potrebbe coincidere con l'attuale Santuario delle Banchette, nel Comune di Bioglio, posto a cavallo della strada nella sella che separa Santa Eurosia dalla Rovella. La tradizione vuole che il santuario fosse stato eretto sul luogo di un preesistente pilone dedicato alla Madonna; una non precisata folla avrebbe inveito contro la Madonna e scagliato dei sassi contro la sua figura colpendola sulla fronte (*Madona dal bull*) e quindi avrebbe tentato di riparare l'offesa con la costruzione del santuario. Il richiamo ai lanci di sassi effettuati dai dolciniani durante gli scontri con gli uomini del vescovo Raniero è fortissima. Secondo altri racconti popolari, a Piana delle Battaglie (oggi Pian delle Rape), tra la Valle Sessera e la valle dello Strona di Postua, gli abitanti di Coggiola sconfiggono un drappello dolciniano. Dal momento che il sito in questione non si trova tra il paese di Coggiola e il monte Rubello ma tra Coggiola stessa e, grosso modo, i valichi che recano in bassa Valsesia (dunque una possibile via di fuga verso nord e nord-est), tenendo anche conto del fatto che gli indigeni sono espulsi a partire dal dicembre del 1306 dalle loro residenze, potremmo trovarci davanti ad un ipotetico tentativo dolciniano di rompere l'accerchiamento crociato durante l'assedio invernale. GIOVANNACCI AMODEO 1988, pp. 216-245.

La battaglia del giovedì santo (23 marzo 1307)

Fu almeno dopo tre mesi di blocco totale che Raniero decise nella settimana santa dell'anno 1307, *volens temptare fortuna*[140], di muovere l'assalto al monte Rubello e alla sella di Stavello. Il comando delle forze venne affidato a tre suoi parenti: Giacomo e Pietro di Quaregna e Tommaso degli Avogadro di Casanova[141]. I tre raccolsero la truppa sulla vasta area pianeggiante proprio al di sotto del monte Rubello, chiamata la Brughiera, situato a nord est di Mosso[142]. Poco distante sorgeva, sulla cima del monte Cattivo, il castello di Trivero. Distrutto o no che fosse nel marzo del 1307 - per un vecchio proverbio dei crociati di *Outremer un castello distrutto era un castello mezzo costruito*[143] - quel che ne esisteva poteva in breve tempo essere trasformato in scudo protettivo del nuovo campo.

A battaglia conclusa gli inquisitori stimarono in 540 le persone che, almeno dal dicembre 1306, presidiavano il monte Rubello[144], quattrocento delle quali erano ancora vive nel marzo del 1307. Di ciò si venne a conoscenza solo dopo la battaglia che si stava preparando. Agli inquisitori domenicani premevano informazioni precise circa i caduti e prigionieri in battaglia per regolare di conseguenza la maglia dei controlli in pianura.

Il piano che fu proposto e messo in pratica era semplice: si sarebbe risalita la mulattiera che portava alla Sella di Stavello, rastrellando tutti i rilievi occupati dai dolciniani che controllavano la strada sino alla sopraddetta sella, dove si sarebbe verificato lo scontro principale[145]. L'ultimo ad essere attaccato il monte Tirlo. Da lì i crociati sarebbero calati sulla sella di Stavello, dove la maggior parte dei dolciniani stava ora accampata. Su quella piana il migliore addestramento, armamento, cibo e la superiorità numerica avrebbero fatto sentire il proprio peso. Fu curato anche l'aspetto psicologico della vicenda; l'assalto avrebbe avuto inizio il 20 marzo 1307, il lunedì della settimana di Pasqua. Tra risalire e scende dal Monte Rubello, partendo dal santuario della Brughiera, occorrono almeno sei ore di cammino. Troppe per salire, vincere uno scontro, distruggere i ricoveri degli eretici, e scendere. Oltretutto si era a marzo, e le ore di luce erano ancora limitate.

I crociati puntando al Tirlo, dovevano percorrere un sentiero molto lungo e tortuoso. Ci fu probabilmente un minimo di esplorazione avanzata, la presa di contatto con le avanguardie dolciniane e loro sentinelle sui vari rilievi; se non altro per sventare possibili imboscate. Ad una massa di uomini di circa mille unità occorreva del tempo per radunarsi, trasportare viveri per mezzo di muli, accamparsi e muoversi, specie se su un accidentato terreno di montagna. Per portare tutte le

---

[140] HISTORIA, p. 11, 19.

[141] *Predicto autem exercituum duces et capitanei fuerunt pro domino episcopo viri nobiles dominus Iacobus et dominus Petrus de Quarenia et Thomas de Casanova Advocatus.* Historia, p. 11, 41-42.

[142] Il campo della Brughiera è dalla tradizione popolare considerato il luogo dell'ultimo campo delle forze crociate che salirono a combattere a Stavello nel marzo del 1307. In quella occasione, o poco dopo, fu eretto il pilone alla madonna che diede origine all'odierno santuario della Brughiera. Tatticamente e strategicamente si tratta del luogo più idoneo per minacciare le vie di accesso al sovrastante Monte Rubello.

[143] NICOLLE 1996a, p. 24.

[144] *[...] cum eo circiter centum XL personas; mortui vero fame et frigore cum interfectis gladio quadrigenti et amplius sunt inventi.* BERNARDO GUI, p. 28, 13-14. Il dato è da porre in confronto con quanto raccontato dall'*Historia* a p. 5; *[...] et in adventu ipsorum hereticorum, ut de communi opinione circumstantium et relatione ipsorum, fuerunt mille et ultra [...]*. La comunità dei dolciniani si era, dunque, di fatto dimezzata dopo nove mesi di lotta. Un elemento interessante emerge ancora dall' HISTORIA, p. 12; *de ipsis reperiantur mortui et interfecti morte crudeli plures quam mille trecenti*. L'anonimo avrebbe potuto riferire un numero qualsiasi per definire un semplice concetto, *molti*. Milletrecento sono le persone che perdono la vita sul monte, quattrocento delle quali morte tra il dicembre del 1306 ed il marzo del 1307. Senza contare i 140 prigionieri la cui sorte è ancora oggi dubbia.

[145] L'Anonimo Sincrono riferisce che il primo obbiettivo dei crociati era la bastita *que erat apud locum qui dicitur Stavellus*; HISTORIA, p. 11. La bastita in questione, già opera crociata, non può essere che quella del Tirlo, l'unica vetta che domina la sella in questione, oltre al Monte Rubello. Per raggiungere il Tirlo, escludendo un assalto da occidente al Monte Rubello, non esistono altre strade che i sentieri sul versante settentrionale, raggiungibili solo dopo ave risalito le forre dell'alta Valsessera, e i sentieri meridionali che salgono da Trivero. Dal momento che la principale base logistica dei crociati sembra essere Mosso, solo la risalita da Trivero, quindi da sud, è a questo punto essere l'unica soluzione possibile. Per far questo occorreva però prima riprendere possesso di tutte le vette minori tra Trivero e il Tirlo.

forze disponibili sulla sommità del Tirlo furono necessari almeno tre o quattro giorni. Nel piano dei comandanti crociati il nemico della chiesa sarebbe stato sconfitto nella settimana di Pasqua: *Fecit ipos perfidos Gazzaros potentissime semel et pluries in hebdomanda sancta expugnari*[146]. Raniero aveva posto un solo limite ai suoi: voleva vivi i capi, Dolcino in particolare[147].

La mattina di lunedì 20 marzo 1307 i crociati si mossero dal campo della Brughiera verso il Craviolo e il sentiero che conduceva a Stavello. Uno dopo l'altro caddero il Craviolo e la sella di Caulera, il 21 ed il 22 marzo. Il giovedì santo, 23 marzo 1307, si diede l'assalto alle Bastite del Tirlo che furono attaccate e facilmente espugnate. *Duravit pugna quasi per totam diem iovis sanctam*; in realtà almeno una buona metà della giornata fu impegnata a risalire le ripide pendici meridionale del Tirlo, sino alla la conquista della *bastitam que erat apud locum qui dicitur Stavellus*[148]. Alla fine della mattina del 23 la vetta del Tirlo era nelle mani dei crociati. La guardia dolciniana fu annientata o messa in fuga. A questo si limitò probabilmente l'unica reazione da parte degli eretici. Sulla piana di Stavello i comandanti crociati ebbero l'occasione di dimostrare la sua superiorità. Il loro esercito - non più di mille unità - poté schierarsi a battaglia, come meglio sapeva fare: i cavalieri appiedati ed i fanti mercenari raggruppati nelle loro collaudate *bannerie*, in appoggio alla milizia comunale con alle ali i contingenti di balestrieri[149]. I crociati avanzarono contro di loro e i ripari di pietra e legno. Per la prima volta dall'inizio dell'assedio del Monte Rubello si stava per combattere una battaglia secondo le regole ma contro un nemico debole la cui volontà di resistere era profondamente minata. I balestrieri presenti, sicuramente meno dei quattrocento originariamente reclutati, scagliarono una prima salva di verrettoni. Questi, durante i lavori di sbancamento della sella di Stavello nel secondo dopoguerra, erano ancora conficcati nel terreno; si trattava di sei teste di freccia, tutte di ferro forgiato[150]. Di queste tre erano a sezione quadra, due invece a sezione triangolare, tra le prime conosciute di questa tipologia di munizione per balestra che si diffuse sempre più durante il XIV[151]. Contro i dolciniani furono insomma utilizzate frecce adatte a sfondare usberghi, abbattere cavalcature e guerrieri corazzati; quanto di meglio la tecnologia bellica del periodo consentiva. Queste sei frecce che gli operai addetti allo sbancamento della sella ritrovarono sono la muta testimonianza di sei lanci falliti; nessun resto osseo fu ritrovato accanto al reperto da far supporre un colpo andato a segno. Solo due verrettoni[152], piuttosto lunghi (14,5 e 12,8 cm) servirono ad incendiare qualche struttura lignea, o delle coperture; il lungo e stretto codolo era utilizzato per avvolgere un'esca incendiaria. I dolciniani subirono il primo lancio da parte dei balestrieri; probabilmente a questo punto già stavano consumandosi i

---

[146] HISTORIA, p. 11, 20. Questa frase, piuttosto importante per la comprensione dei fatti accaduti tra il 20 ed il 23 marzo 1307, precede nella descrizione dell'anonimo sincrono tutti i riferimenti alla bastita del Tirlo e alla battaglia di Stavello del giovedì santo, ad indicare il fatto che questi scontri avvennero *prima* del massacro finale. Non è da escludere che i *multi ex christianis vulnerati* abbiano toccato le proprie ferite principalmente nella fase preparatoria all'assalto finale.

[147] HISTORIA, p. 11, 30-32; *quos prefatus dominus episcopus desiderabat affectuose vivos habere, ut pro meritis eorum premia digna reciperent, qui tot malorum fuerunt autores*.

[148] Si trattava del tratto finale del sentiero che dalla Sella di Caulera porta alla gola tra il Tirlo e la cima della Civetta. Il cammino attraversa il canale del rio Carnasco secondo un asse parallelo a Stavello ma 400 metri di quota più in basso (la sella di Stavello è a quota 1205, il passaggio sul Carnasco a quota 990). Dunque gli accorgimenti difensivi e di scoperta previsti ed adottati per la marcia e i movimenti delle salmerie saranno stati numerosi e ben pianificati.

[149] Era questa la tipica formazione di fanteria adottata in Italia agli inizi del trecento. I balestrieri disposti alle ali permetteva di concentrare il tiro nel campo davanti al centro dello schieramento avversario, che veniva in questo modo preparato prima dell'urto. GIULIANI 1999, pp. 39-49.

[150] I reperti sono pubblicati in PANTÒ 1994, pp. 7-16. Non si conosce il luogo esatto del ritrovamento, se in vetta al Rubello o a Stavello durante i lavori di sbancamento nel secondo dopoguerra. Le teste di verrettone, ossia munizione da balestra, qui citate sono (seguendo la numerazione presentata nella pubblicazione sopra citata) i reperti 2, 4, 5, 6, 7, 8.

[151] Le teste a sezione quadra sono i reperti n. 2, 6, 7. Le munizioni n. 8 e 5 hanno una testa triangolare, caratteristica dei verrettoni del XIV secolo in quanto erano destinati a sfondare le nuove armature a piastra che erano cominciate ad apparire proprio a partire dalla seconda metà del XIII secolo. Il reperto n. 5 ha una testa a sezione rotonda. Tutte queste munizioni sono specializzate per scopi bellici, risultando il loro disegno e forma specificatamente studiato per sfondare usberghi e corazze; minore era la sezione, maggiore era l'energia cinetica che si sfogava nel punto di impatto. L'utilizzo contro avversari mancanti di qualsivoglia protezione passiva come i dolciniani ribelli sarebbe risultato oltremodo efficace.

[152] Si tratta dei reperti n. 7 e n. 8. Le altre frecce presentano una lunghezza compresa tra i 7 ed i 9,7 cm. Per un confronto con altri berrettoni destinati al lancio di esche incendiarie vedi ALM 1994, p. 42.

primi incendi. Una minoranza degli assediati tentò una resistenza tanto che *multi ex christianis vulnerati fuerunt*[153]. Ma fu subito sconfitta. L'unica fonte scritta che testimonia della resistenza dolciniana è l'*Historia* che parla di una lunga battaglia laddove gli altri resoconti riferiscono di una resa in massa e di fuga[154]. Qui finì l'aspetto bellico della vicenda e iniziò quello che fu un vero e proprio sanguinoso regolamento di conti[155]. Tra le fiamme che ora divoravano fortificazioni e ricoveri - *demum fortalicia et castra eorum combusta derupta et dissipata fuerunt ipsa die*[156] - gli eretici furono rastrellati e, i pochi che resistevano, uccisi[157]. Furono inseguiti i fuggiaschi che abbandonavano il "campo di battaglia", tra questi Dolcino, Margherita e Longino da Bergamo che non furono catturati né a Stavello né sul Rubello, ma in una zona esterna, indicata genericamente come *super montibus Triverii*. I dolciniani, tentarono di salvarlo in qualche modo ma *post longa prelia e multosque labores* fu catturato così com'era nei desideri di Raniero. Con lui altri 140 compagni di credo e lotta[158]. Il mancato rinvenimento di qualsiasi sepoltura nonostante gli sbancamenti ed i lavori di sterro sul campo di battaglia sembra dimostrare che i corpi dei dolcinani uccisi furono bruciati o semplicemente lasciati esposti [159].

---

[153] HISTORIA, p. 11, 24.

[154] BERNARDO GUI, p. 28, 12; *Ascendentes itaque fideles de exercitu ceperunt ibidem Dulcinum [...]*: GIOVANNI VILLANI, p. 160, *Come si levò in Lombardia un fra Dolcino con grande compagnia d'eretici, e furono arsi*; *Alla fine rincrescendo a quelli che seguivano la detta dissoluta vita, molto scemò sua setta, e per difetto di vivanda, e per le nevi ch'erano, fu preso per gli Noaresi*; BENVENUTI RAMBALDIS DE IMOLA, p. 361; *Tunc quidam consulentes suae saluti redierunt ad veritatem, et dediderunt se*: *Commento alla Divina Commedia d'Anonimo fiorentino del secolo XIV*, ed. Fanfani, Bologna 1867-74, p. 603; *[...] et se non che la neve sopravvenne, et missene tanta in quelle montagne, che questi, ch'era mal fornito di vittuaglia, che la neve il costrinse, non tossendo avere vittuaglia, per fame s'arrendè [...]*.

[155] HISTORIA, p. 11, 23, 24-26, 32-38; *[...] magna pars ipsorum perfidorum interfecta fuit [...] taliter quod multi infedeles proiecti fuerun in quodam rivo, qui nunc dicitur Carnascus, et asseritur quod aqua dicti rivi erat rubra veluti sanguis propter interfectos, qui ibidem proiecti fuerunt. [...] Alii multi perfidi cum ipsis capti fuerunt et captivati. Demum fortalicia et castra eorum combusta derupta et dissipata fuerunt ipsa die. Inique ipsa die plures quam mille ex ipsis tum flammis tum in flumine submersi, ut prefertur, tum gladiis et morte crudelissima interempti fuerunt. Et sicut ipsi, qui de eterno deo patre et fide cattolica ludibria faciebant in ferro fame igne peste et omni miseria, in die Cene Domini, ut prefertur, ad omne opprobrium et mortem duram et crudelissimam ac turpissimam, prout meruerunt, devenerunt.*

[156] HISTORIA, p. 11, 33-34.

[157] Gli inquisitori soprattutto volevano avere un conteggio preciso dei morti e dei prigionieri, persino le tombe furono probabilmente profanate, sia per cancellare anche questa testimonianza eretici sulla montagna sia per verificare la conta delle uccisioni e dei morti durante l'assedio. Infine si poté appurare che tra il dicembre 1306 e quel giovedì di marzo del 1307 *mortui vero fame et frigore cum interfectis gladio quadrigenti et amplius sunt inventi*; BERNARDO GUI, p. 28.

[158] L'*Historia* ci presenta una feroce battaglia che, come visto, non avvenne o (la battaglia) fu assai meno epica e combattuta di quanto si possa pensare, presentandoci piuttosto un massacro conseguente ad una azione di rastrellamento. Dall'altro non abbiamo alcun cenno, o testimonianza, dei circa 140 dolciniani catturati a Stavello. Il Villani chiuse il capitolo della sua *Cronica* dedicato a Dolcino con questa frase che non lascia molta immaginazione su ciò che fu la fine dei prigionieri; *[Dolcino] fu preso per gli Noaresi, e arso con Margherita sua compagna, e con più altri uomini e femmine che con lui si trovaro in quegli errori*. GIOVANNI VILLANI, p. 160

[159] I corpi dei caduti rimaneva insepolti; il re di Francia, vincitore a Mont-en-Pévèle, in Fiandra, secondo quanto scrive Giovanni Villani, *ordinò che' Franceschi morti fosser seppelliti, e così fatto in una badia la quale è ivi di costa al piano ove fu la battaglia, e fece decreto e gridare sotto pena del cuore e d'avere, ch'a nullo corpo de' Fiamminghi fosse data sepoltura, ad essempio e perpetuale memoria. E io scrittore ciò posso testimoniare di vero, che a pochi dì appresso fui in su 'l campo dove fu la battaglia, e vidi tutti i corpi morti e ancora non intamati*. GIOVANNI VILLANI, p. 154. L'idea di disinteressarsi dei corpi dei caduti nemici, specie se infedeli ed eretici, era comune: a Maiorca i Pisani *perché non li contamini il lezzo dei defunti, danno al fuoco crepitante i cadaveri nemici*. Più tardi *si colmano con celere lavoro i fossati, non solo con detriti e legname, ma anche s'empiono di morti*. Benché non espresso chiaramente, si tratta verosimilmente dei caduti dei nemici. Così dopo la battaglia della Molinella (1467) *per tutta l acampagna si sentiva il lezzo dei morti, perché i cadaveri erano stati lasciati marcire nei fossati*. SETTIA 2002, pp. 294-295.

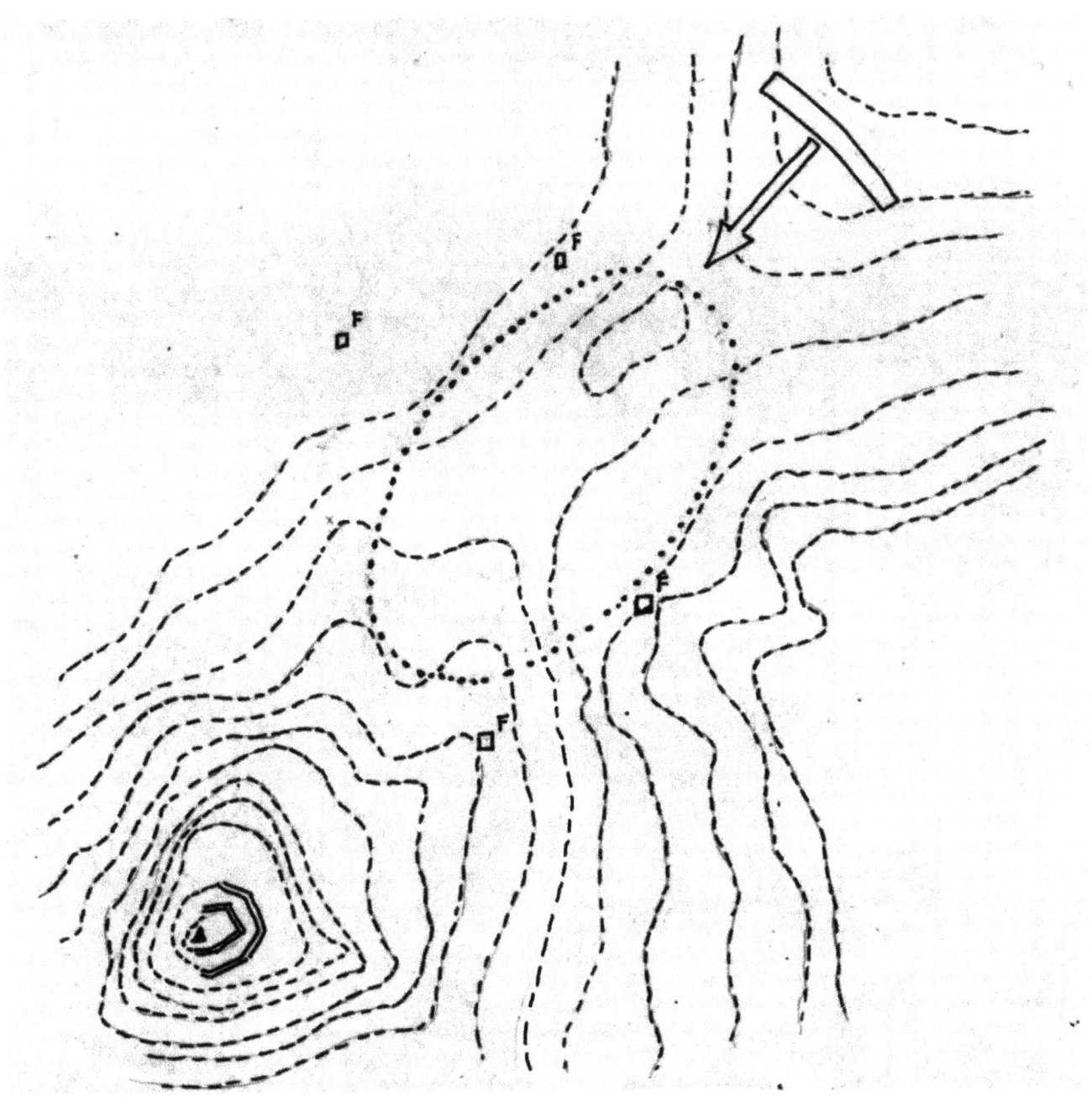

Tav – 13. La battaglia di giovedì 23 marzo 1307; dopo aver occupato la sommità del Tirlo, le forze crociate discesero sulla piana di Stavello verso l'insediamento dolcinano. La resistenza a questo movimento risultò essere minima; la battaglia di Stavello risultò infine essere più un eccidio vero e proprio piuttosto che uno scontro campale.

Tav – 14. Il vomere d'aratro ritrovato sulla piana di Stavello durante le fasi di sbancamento seguite il secondo dopoguerra. L'innesto al ceppo è stato appiattito, onde ottenere una migliore immanicatura dell'elemento in ferro su di un diverso supporto ligneo. Era abitudine nel XIV utilizzare le lame degli aratri come improvvisate armi da botta. La lunghezza del pezzo è di 28,5 cm. (disegno tratto da G. PANTÒ, *Materiali metallici provenienti dall'accampamento di Fra Dolcino sul monte Rubello*, in *Opere restaurate*, a c. di G. PANTÒ e P. ASTRUA, Biella 1994, p. 14).

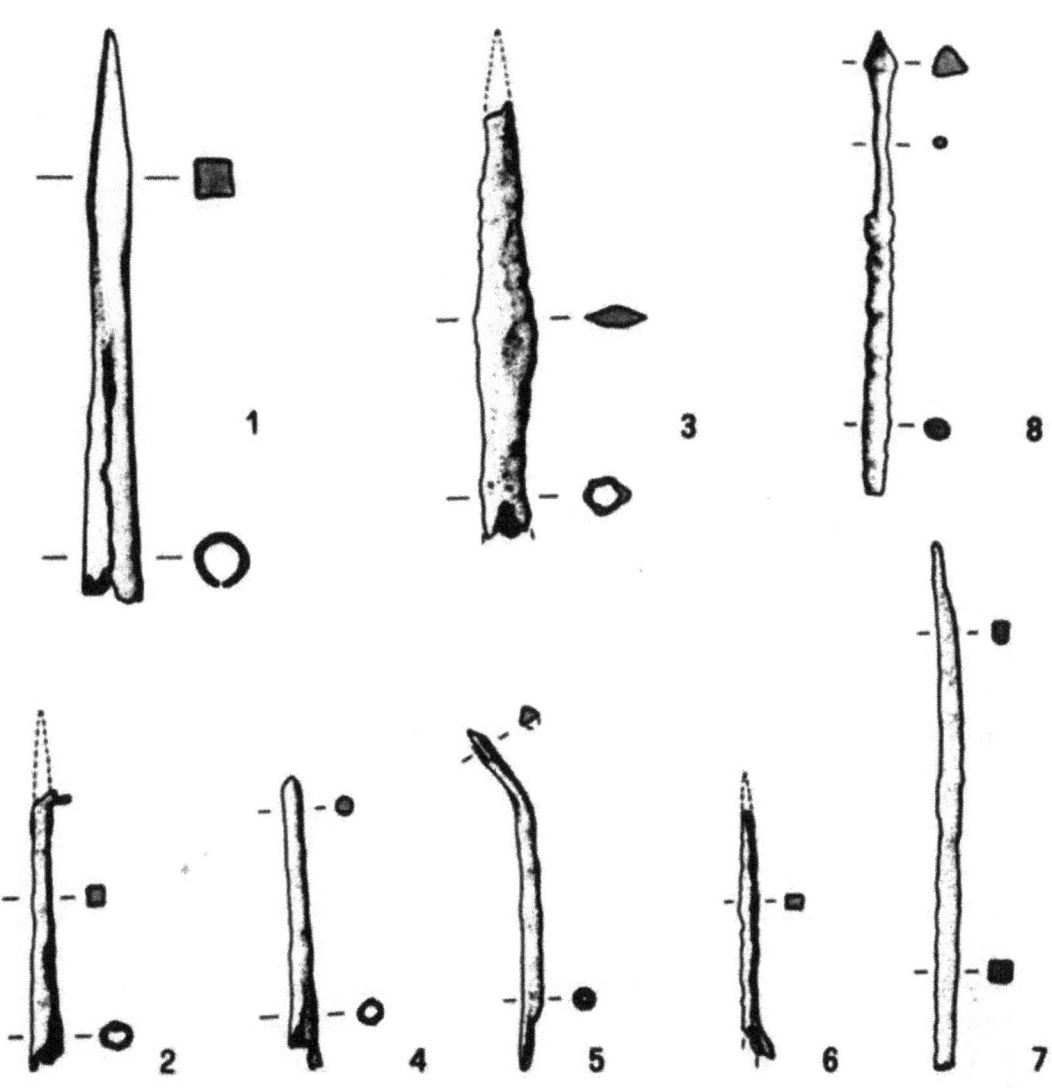

Tav – 15. Munizioni da balestra ritrovate sul campo di battaglia della Sella di Stavello; 1) Cuspide si verrettone per balestra d'assedio, lunghezza cm 16; 2)Verrettone per balestra, cm 7,7; 3) Verrettone per balestra d'assedio, cm 12; 4) Cuspide per verrettone, cm 8; 5) Cuspide di verrettone, cm 9.7; 6) Cuspide di verrettone, cm 7; 7) Cuspide di freccia incendiaria, cm 14.5; 8) Cuspide di freccia incendiari cm 12,8 (disegno tratto da G. PANTÒ, *Materiali metallici provenienti dall'accampamento di Fra Dolcino sul monte Rubello*, in *Opere restaurate*, a c. di G. PANTÒ e P. ASTRUA, Biella 1994, p. 12).

CAPITOLO 3

Uomini contro; la guerra medievale e la crociata del Monte Rubello

Scontri ad "Alta" e "Bassa intensità"

L'assedio del Monte Rubello rappresenta un buon esempio di come le operazioni militari medievali potevano divenire piuttosto complesse e onerose in termini di tempo e denaro, anche nell'intervento contro i Dolciniani, evento che poteva essere equiparato ad una azione di "ordine pubblico". Tuttavia gli eretici avevano alzato la posta in gioco e decidendo per la resistenza armata avevano alterato gli equilibri e i piani per la loro soppressione.

I problemi incontrati dal vescovo Raniero non devono trarre in inganno; la guerra nel XIII secolo e agli inizi del XIV era comunque un meccanismo complesso, nel quale politica, religione ed economia si intrecciavano. Anche sotto l'aspetto strettamente militare la varietà delle potenzialità a disposizione dei comandanti era sorprendente e l'apparente semplicità dell'arsenale bellico medievale, dotato di scarsa forza missile, e comunque limitato ad armi monoproietto, non deve trarre in inganno. Già durante il duecento la guerra aveva raggiunto un alto grado di specializzazione, le formazioni di militari disposti sul campo di battaglia erano in grado di appoggiarsi l'un l'altro per azioni coordinate. La figura del militare specializzato, destinato a servirsi di un preciso "sistema d'arma" e specificatamente addestrato all'utilizzo efficace di questo, era già una realtà consolidata.

Il soldato medievale poteva confrontarsi con l'avversario sostanzialmente in due determinati contesti[160];

COMBATTIMENTO AD ALTA INTENSITA': si trattava questo di uno scontro armato circoscritto temporalmente e geograficamente, caratterizzato da un'elevata densità di armati nell'area in questione e da un conseguente alto numero di perdite (morti, feriti, prigionieri);

COMBATTIMENTO A BASSA INTENSITA': è questo uno scontro armato risultava diluito nel tempo e nello spazio. Vedeva solitamente impiegati piccoli contingenti in continuo movimento. Gli scontri si risolvevano in brevi combattimenti con relativo esigue perdite da parte dei contendenti.

Come definire allora l'assedio del Monte Rubello? Combattimenti ad alta e bassa intensità non possono definire nel loro complesso eventi bellici particolari e prolungati nel tempo quali gli assedi, e quello del Rubello in particolare. Vero è che mentre le forze vescovili presidiavano le bastite a intorno al campo dei Dolcinani, numerosi scontri a bassa intensità avvenivano nelle retrovie ai piedi della montagna, mettendo in crisi in più occasioni la logistica dei crociati, mentre al contrario le operazioni del marzo del 1307 si possono ritenere operazioni ad alta intensità con un notevole dispiego di forze in un'area e in un lasso temporale limitato

---

[160] Le definizioni di "alta" e "bassa intensità" qui espresse, sono state per la prima volta enunciate, in un contesto puramente strategico prima che tattico, anche se utilizzate solamente a livello strategico, in LUTTWAK 1981, p. 61.

Tattiche per combattimenti "ad alta intensità"

Nel combattimento medievale prima ancora delle grida e del frastuono dello scontro di armati corazzati era il sibilo delle frecce e dei verrettoni che segnalava l'inizio dello scontro; archi, balestre e fionde erano diffuse, ed utilizzate secondo precise funzione tattiche:

- disorganizzazione delle file avversarie[161];

- abbassamento del morale del nemico[162];

- sorpresa e disgregazione del nemico e sua rotta anticipata[163];

- impedimento di un ordinato e corretto dispiegamento delle forze nemiche sul campo di battaglia[164];

- rottura della la coesione delle truppe avversarie in avvicinamento o alla carica[165].

La balestra era di fatto l'arma da lancio più utilizzata nell'Italia del XIII secolo, diffusione che nel XIV aumentò, se possibile, ancora maggiormente. Tuttavia questa era considerata un'arma prevalentemente difensiva. Terminata infatti la fase di lancio, il balestriere era virtualmente alla mercé dell'offesa avversaria. Doveva pertanto essere protetto dai fanti dotati di pesanti *tabulacci*, se la situazione tattica richiede una certa mobilità, o di *pavesi*, fissati al terreno, se invece occorreva tenere la posizione. Il binomio pavesario-balestriere rimarrà l'elemento caratterizzante della guerra in Italia per tutto il XIII e il XIV secolo.

Il lancio dei pesanti quadrelli, a una distanza dal bersaglio compresa tra i 250 e i 200 metri, non avveniva in modo disordinato e generico, ma era organizzato un vero e proprio "fuoco di fila"[166], del tutto simile alle scariche di fucileria sviluppate dagli schieramenti lineari di fanteria del XVIII secolo[167]. Mentre un balestriere scaricava l'arma contro l'obbiettivo, uno o due altri militari provvedevano riportare in tensione la coda dell'arco, posizionare la nuova munizione e passare a loro volta alla linea di tiro. Si trattava di mettere in pratica una serie di movimenti sincronizzati che, almeno in addestramento, dovevano essere ripetuti un determinato periodo prima di riuscire perfettamente. Ad un comando vocale, oppure musicale (di tromba o tamburo), centinaia di balestrieri scaricavano simultaneamente le loro armi seguiti, a distanza di pochi secondi, dai loro compagni disposti in seconda fila. I primi tiri, alla distanza massima, erano necessariamente a parabola, destinata ad abbassarsi sino al tiro in linea retta man mano che l'avversario si

---

[161] E' quanto tentarono di fare i balestrieri fiorentini a Campaldino (1289), con scarso successo. NICOLLE 1995, pp. 186.
[162] Anche se arrivarono tardi sul campo di battaglia di Cortenuova (1237), la sola presenza di arcieri saraceni scoraggiò a tal punto l'esercito dei comuni del nord della penisola che i ranghi si ruppero. Durante la notte le truppe comunali si sbandarono completamente abbandonando addirittura il carroccio. GRAVETT 1997, pp. 34-35; OMAN 1924, pp. 494-496.
[163] *Supra*. I contingenti guelfi si ritirarono senza che il combattimento venisse rinnovato il giorno seguente.
[164] Questa fu la tattica, per la verità non riuscita, adottata dai tiratori fiorentini durante le fasi iniziali dello scontro di Campaldino (1289). *Supra* nota 2.
[165] Con questa finalità operarono i balestrieri fiorentini a Montaperti (1260), dopo che la propria cavalleria era fuggita. AA.VV., *Montaperti*, Firenze 2000, pp. 29-30.
[166] Ovviamente il termine fuoco è puramente indicativo e serve ad indicare l'azione di rilascio della coda dell'arco. Con il termine "Fuoco di fila" si indica un'azione condotta da truppe armate con armi da lancio disposte in linea per colpire, simultaneamente, più obbiettivi contemporaneamente. HUGHES 1997.
[167] Le armi da fuoco portatili a canna liscia del XVIII secolo esibivano prestazioni così povere in termini di precisione (i fucili del periodo non riuscivano a colpire la figura umana posta oltre i 50 metri) al punto che ci fu, verso la fine del XVIII secolo, qualche proposta per la reintroduzione di contingenti di arcieri nell'esercito britannico. MASINI-ROTASSO 1987, p. 61; GREENER 1972.

avvicinava[168]. Inoltre i nugoli di frecce dovevano essere il più possibile fitti. Per tradurre questa operazione nel linguaggio dell'artiglieria moderna, i balestrieri dovevano realizzare una limitatissima zona di 100° (vale a dire quella fascia di territorio in cui cadono fitti i proiettili) e un effetto tempo/obbiettivo (tutti i proiettili dovevano giungere simultaneamente sull'obbiettivo)[169]. Tale operazione continuava sino all'esaurimento delle munizioni, ad un ordine di sospensione del tiro o al sopravvenire di una nuova situazione tattica.

Essendo un'arma assai meno usata della balestra, la presenza dell'arco sul campo di battaglia era, per forza di cose, assai più limitata. L'utilizzo tattico rispecchiava quello della balestra: non erano praticati lanci indiscriminati contro la massa dei nemici, ma erano scagliate scariche simultanee[170].

Assai più diffuso sembra essere stato l'uso della fionda, specie per l'uso pratico che contadini e pastori poteva fare di questa semplice ma efficace arma. I frombolieri agivano sul campo di battaglia con un oggetto col quale avevano una notevole dimestichezza, dal momento che lo potevano utilizzare utilizzavano sia per la caccia chee per allontanare animali selvatici dalle coltivazioni o dalle greggi. Il lancio di pietre, possibilmente con l'impiego di fionde, è menzionato anche nelle fonti che trattano dell'assedio del Monte Rubello. Frombolieri particolarmente abili nel tiro risultavano essere ineguagliabili nella funzione di schermagliatori: scagliando pietre grosse poco meno di un pugno, colpivano e ferivano tutti quelli che non disponevano di adeguate protezioni, specialmente del capo[171].

Arcieri e balestrieri potevano combattere a cavallo. Utilizzare una balestra da cavallo è possibile, almeno per quello che riguardo la fase di lancio. Ricaricare l'arma stando seduti in sella è piuttosto complicato, specie nelle concitate fasi di un combattimento. I sistemi di caricamento della balestra nel XIII, prima della diffusione della balestra con arco metallico nel XIV secolo, prevedevano l'utilizzo delle gambe onde poter flettere l'arco tramite apposite staffe inserite nel teniere dell'arma. Dal momento che il cavaliere aveva i piedi ben inseriti nelle staffe della sella, questa operazione risulta impossibile. Esisteva un sistema a leve per caricare la balestra senza discendere da cavallo, tuttavia anche questo sistema rimaneva, data la necessaria torsione e il conseguente piegamento della parte superiore del corpo, piuttosto scomodo. Siccome caricare l'arma con la sola forza delle braccia non era possibile, dobbiamo ritenere pertanto questi cavalieri come una sorta di fanteria montata, in grado di muoversi verso le zone di "crisi"[172]. Erano unità particolarmente utili in confronti "a bassa intensità", data la loro mobilità.

Montati a cavallo ed armati di un potente arco composto erano i Saraceni al servizio dei monarchi svevi. Si trattava di truppe arabe reclutate nel sud della penisola e fedelissime alla famiglia Hohenstaufen. Per Federico II combatterono attivamente anche nell'Italia settentrionale[173]. Tatticamente erano organizzati su base decimale, seguendo uno schema in uso nello stesso periodo in Andalusia[174]. Un ufficiale di rango superiore, definito *Qa'id*, comandava una "divisione" composta da circa 1000 persone, suddivise a loro volta in 5 gruppi di 200 armati. Questi gruppi risultavano a loro volta composte da 5 unità minori di 40 uomini l'una. Questi ultimi manipoli potevano essere ulteriormente frammentati per poter operare autonomamente sul campo di battaglia, là dove particolari situazioni tattiche rendevano necessario questo frazionamento. La tattica preferita da queste formazioni di saraceni era quella di ingaggiare il nemico, colpirlo a distanza

---

[168] Sull'efficienza balistica della balestra, e altre armi da lancio medievali si veda LIEBEL 1998, pp. 61-68.
[169] J. KEEGAN 2001, p. 95.
[170] KEEGAN 2001, pp. 95-96; BRADBURY 1985.
[171] Sulla figura del fromboliere, sia nella veste civile che in quella militare, si veda GUERZONI-BUOSI 2000, pp. 58, 61, 112.
[172] Citazioni e notizie storiche sui tiratori a cavallo equipaggiati con balestra sono riportate in SETTIA 1993, pp. 152-156, anche se l'autore ben poco ci dice su come queste truppe combattessero realmente.
[173] PIERI 1960; PIERI 1953. Si veda inoltre Inoltre PARISIUS DE CERETA, p. 10 (14 settembre 1236): *applicuerunt in districtu Mantuano septem milia Saraceni sagittarii missi de Apulia in adiutorium domini imperatoris.*
[174] Sull'organizzazione e sulla tattica adottata da queste particolari truppe vedi GRAVETT 1997, pp. 16-17.

ravvicinata con i propri potenti archi, e quindi sganciarsi. Dopo una finta fuga si avvicinavano nuovamente all'avversario, lo tempestavano di frecce, e si allontanavano al galoppo. Un continuo "mordi e fuggi", dunque, che aveva lo scopo preciso di costringere l'avversario ad abbandonare le proprie posizioni e attaccare in una situazione a lui svantaggiosa o, almeno, ritirarsi. Questa tattica, decisamente aggressiva, funzionò, in determinate occasioni, abbastanza bene nei confronti della statica fanteria comunale del XIII secolo[175].

Uno dei bersagli preferiti, a causa della loro pericolosità e dimensioni, erano le masse di cavalleria. Un lancio sincronizzato di verettoni, annunciato dal sibilo delle frecce in arrivo, aveva effetti differenti in base alla situazione tattica del momento. Dardi venivano scagliati con un elevato angolo di tiro ai limiti di portata della balestra o dell'arco, giungendo sull'obbiettivo con una scarsa forza di penetrazione. Ciò che si voleva da un'azione simile era la demoralizzazione dell'avversario, in modo tale da convincerlo ad una ritirata, o irritarlo perché attaccasse in condizioni a lui sfavorevoli. L'effetto psicologico della "pioggia di frecce" non é da sottovalutare. Il sibilo prodotto dall'attrito con l'aria, il rumore dell'impatto delle teste di ferro sulle armature e sui corpi, dovevano tradursi in una singolare cacofonia, un sinistro clangore provocato al ferro che urtava contro il ferro. I cavalli non sufficientemente protetti – per quanto grande la distanza – venivano comunque feriti e al sibilo dei proiettili seguivano i nitriti di dolore e paura dei cavalli. Tutto questo era più che sufficiente perché tra i ranghi dei cavalieri si decidesse in breve, tra imprecazioni e minacce, se attaccare o ritirarsi.

Dal momento in cui la cavalleria decideva di attaccare e muovere contro la schiera avversaria che si disponeva a sua volta per "tenere il campo", balestrieri ed arcieri modificavano, via via che il bersaglio si avvicinava, l'angolo di lancio, sino "ad alzo zero", ossia, in base alla terminologia dell'artiglieria moderna, sino a che il proiettile si trova parallelo al terreno. La letalità dei colpi era maggiore man mano che la distanza diminuiva. Uno dei bersagli preferiti nella massa degli assalitori era la cavalcatura, dal momento che la caduta di quest'ultima provocava la messa fuori combattimento, per forza di cose, del cavaliere, mentre la sua schiera ne risultava, almeno per un certo lasso di tempo, scompaginata. Infine, se, come vedremo, gli assalitori non perdevano coesione e impeto, avveniva lo scontro vero e proprio tra le due masse di armati.

Il tiro contro la fanteria aveva gli stessi scopi e le stesse modalità lancio di quello effettuato contro la cavalleria; disorganizzare, demoralizzare, irretire. I tempi di reazione, caricamento, e lancio potevano essere più lunghi, in quanto le fanterie erano, per forza di cose, di gran lunga più lente delle truppe a cavallo. Dato il leggero armamento difensivo portato solitamente dalla stragrande maggioranza dei fanti, la letalità del tiro era di gran lunga maggiore rispetto a quello effettuato contro i meglio difesi cavalieri. L'unica contromisura che molti militari avevano era correre al riparo dei grandi pavesi o dei tabulacci ed attendere la fine del tiro avversario o, a loro volta, rispondere al tiro con le proprie balestre. Se invece i nervi cedevano, l'unica soluzione rimaneva la fuga. Sulla piana di Stavello, il 23 marzo 1307, accadde qualcosa di simili; disorganizzati, demoralizzati e provati da un rigidissimo blocco invernale, i Dolciniani si sbandarono prima ancora che la formazione dei crociati giungesse a contatto. La "lunga battaglia" tramandataci si risolse in un rastrellamento di fuggitivi sparsi per le vette circostanti.

La cavalleria aveva, nell'economia della guerra medievale, una notevole importanza, e una notevole varietà di impieghi. Nonostante il contesto prettamente montuoso dei luoghi ove avvenne la resistenza di Dolcino nel territorio di Biella, non è da escludersi un impiego di truppe montate. L'intervento della cavalleria sul campo di battaglia aveva i seguenti scopi:

---
[175] PIERI 1960, pp. 123-124; PIERI 1953, pp. 96-97.

- rompere il fronte avversario con un'urto diretto[176];

- inseguire le truppe avversarie in rotta[177];

- rastrellare gli sbandati nei territori esterni all'area dello scontro[178];

- controllo del territorio in azioni "a bassa intensità"[179].

Quando si pensa ad una carica di cavalleria si immagina, solitamente, ad una corsa sfrenata di cavalli lanciati al galoppo contro la schiera avversaria, senza il minimo di organizzazione, per concludere poi la corsa in un'unica mischia confusa. Se per ipotesi ci trovassimo ad osservare da un'altura le battaglie di Montaperti, Cortenuova, Benevento o Tagliacozzo, solo per citare i fatti d'arme più famosi del secolo, saremmo quanto meno sorpresi dall'organizzazione tattica dei reparti montati e della loro capacità di appoggiarsi reciprocamente[180].

Grandi raggruppamenti di cavalleria erano definiti *cavallate,* suddivise in un numero variabile di *battaglie* o *conestabilerie*, le formazioni basiche alla metà del XIII secolo. Queste a loro volta erano costituite, solitamente, da due *bandiere* di 25 *cavalcatores* o *equitatores*[181]. I cinquanta uomini insieme erano comandati da un conestabile, accompagnato da un portabandiera e da musicanti dotati di tamburi, pifferi e trombe o da *cermanella*[182] – strumento musicale simile alla tradizionale zampogna -. La musica serviva per comunicare gli ordini alla truppa e manifestarsi al nemico.

Le *bandiere* erano composte da 20-25 uomini disposti su due o tre ranghi. I cavalieri si tenevano molto vicini l'uno all'altro, con le ginocchia a contatto. La prima fila abbassava le lance, e così la seconda, distanziata "di un cavallo" dalla schiera precedente. Dietro cavalcava il portabandiera, ossia il militare incaricato di tenere la bandiera – da cui il nome dell'unità tattica – per identificare il gruppo e indicare agli uomini la posizione da occupare nello schieramento o il punto di raccolta al termine dell'azione[183].

Impartito l'ordine di attaccare il nemico, la *bandiera* procede non con una carica sfrenata né con un blando trotto ma con un galoppo leggero. La funzione tattica principale di queste dense formazioni di cavalleria era di operare come una forza d'urto. L'urto richiesto da queste cariche era però più psicologico che reale, come del resto tutte le cariche effettuate durante la millenaria storia dell'Arma della cavalleria.

Le *bandiere* caricavano ad una velocità relativamente ridotta (10-25 km. orari) e, se riuscivano a rompere la formazione avversaria, si portavano all'interno della formazione in via di disgregazione per permettere ai singoli cavalieri di combattere individualmente nella mischia contro il nemico disorientato dal crollo dell'organizzazione della scala di comando interna alla propria unità. Idealmente, una carica di cavalleria per tutto il XIII secolo aveva come scopo l'apertura di un varco

---

[176] La carica dei cavalieri a Benevento (1266), un esempio tra i tanti che si possono fare, ha proprio questo intendimento. OMAN 1924, pp. 499-505.

[177] Disfatta l'armata angioina ai guadi del fiume Salto (Tagliacozzo 1268), la cavalleria sveva di Corradino si lanciò all'inseguimento degli avversai in rotta, lasciando pressoché sguarnita la piccola scorta del loro comandante. OMAN 1924, p. 511.

[178] I giorni seguenti alla sconfitta guelfa di Cortenuova (1237) videro reparti della cavalleria di Federico II rastrellare ampie zone di territorio tra il luogo della battaglia e la città di Milano, dove il grosso dei fuggitivi era diretto. OMAN 1924, pp. 495-496.

[179] Per questi scopi Ezzelino da Romano impiegò i propri Saraceni, sia i contingenti appiedati che quelli montati. SETTIA 1993, pp. 161-162. Nel marzo del 1244 il podestà di Piacenza informa quello dell'alleata Bologna che, per controllare meglio il territorio *nostri berroerii equitarunt nimium argentum, destrarios, roncinos et pinguissimos palafrenos*. WINKELMANN 1880, p.558.

[180] Rolandino da Padova descrive come i contingenti di cavalleria attaccassero schierati *quasi in unum globum,* muovendosi *velociter et latenter* ed in ogni istante *secure parati ad pugnam*. ROLANDINUS PATAVINUS, pp. 142, 146-147, 149.

[181] Sull'organizzazione della cavalleria si veda WALEY 1976, pp. 23-37; NIESE, 1905, pp. 217-248; DAVIDSOHN 1977, p. 416; NICOLLE 1996a, pp. 16, 57.

[182] Sugli strumenti musicali utilizzati come comunicazione tra le unità militari sul campo di battaglia *Montaperti* 2000, p. 48.

[183] NICOLLE 1996a, pp. 16, 57; BENNET 1989, pp. 7-19.

nella linea nemica, attraversare di slancio quest'ultima, riorganizzasi alle spalle degli avversari scossi dalla precedente azione offensiva e caricarli nuovamente alle spalle.

La formazione della *battaglia* e della *bandiera* fu ideata inizialmente in terra di Francia e quindi applicata anche in Italia[184]. Nella penisola la cavalleria doveva comunque operare in stretta cooperazione con la fanteria. Come vedremo, quest'ultima nelle operazioni "ad alta intensità" aveva un ruolo preminentemente statico. Tuttavia proprio dietro la massa dei fanti la cavalleria, se la propria azione offensiva falliva e diveniva necessaria una ritirata, poteva riorganizzassi e tentare un contrattacco.

La cavalleria poteva formare, infine, anche una riserva operativa intesa a sfruttare ogni possibile breccia nel fronte nemico. Queste riserve erano composte da truppe che dovevano essere necessariamente montate, in quanto dovevano piombare sull'avversario repentinamente se l'occasione si presentava propizia. Erano privilegiati gli attacchi contro i fianchi o, addirittura, alle spalle ed erano ottenuti risultati soddisfacenti anche con cariche improvvise ed inaspettate lanciate da postazioni coperte e defilate.

Singolarmente il momento più pericoloso era per i cavalieri non la carica contro le fila dei balestrieri, come saremmo portati a credere data la letalità delle armi in loro possesso, bensì lo scontro contro una schiera di cavalleria avversaria[185]. Caricare i balestrieri significava sottoporsi al loro tiro per un periodo limitato di tempo, solitamente piuttosto breve. Arrivati a contatto con l'avversario, se non intervenivano i pavesari e le "lanzelonghe", la scarsa capacità di difesa dei balestrieri sarebbe stata la causa di una precipitosa fuga degli uomini e del conseguente inseguimento. Affrontare una formazione di cavalleria era totalmente un'altra questione; pesantemente difesi da corazze pluristrato, gli avversari erano a loro volta equipaggiati di un vasto arsenale di armi offensive capaci di infliggere colpi ad effetto perforante, fratturante e tagliente.

Il combattimento, per il cavaliere medievale, si sviluppava in differenti fasi: innanzitutto avveniva la scelta dell'obbiettivo. I combattenti delle opposte fazioni si schieravano entro i 200-250 metri l'una dall'altra[186]. Il punto dello schieramento avversario da assalire era pertanto individuato facilmente a vista dai comandanti superiori. Comunicato l'obbiettivo ai capitani delle singole unità, avveniva l'assalto. L'ordine di avanzare era trasmesso a tutti i ranghi tramite il suono egli strumenti musicali[187].

Nella "terra di nessuno" i cavalieri risultavano essere stretti l'uno vicino all'altro nella serrata formazione della *bandiera*, lanciati ad un lento galoppo. Il problema principale in questa fase del combattimento era, per i cavalieri impegnati nell'azione, la visibilità; la polvere sollevata, le strette feritoie del Grand'Elmo limitavano la vista ad una stretta porzione di terreno, o delle spalle dei compagni posti nella fila davanti. Tutto il gruppo avanzava in linea retta; possiamo paragonare la massa della cavalleria che avanza ad un siluro che solca il mare verso il bersaglio. Per entrambi era impossibile cambiare senso di marcia, direzione o rotta una volta messi in movimento. Così ogni singolo cavaliere, abbassata la lancia e spronato il cavallo, non poteva far altro che avanzare. Chi sceglieva di proteggersi il capo con un Cappello di Ferro godeva indubbiamente di una maggiore

---

[184] Sulle tattiche della cavalleria in Italia durante il XIII secolo cfr. NICOLLE 1995, pp. 128-129, 162-163, 180.
[185] Questo perché balestre e archi, anche quelli compositi, non riuscivano a perforare le armature multistrato del periodo, se non a brevissima distanza. NICOLLE 1996, pp. 27-28.
[186] Schierarsi ad una distanza maggiore avrebbe significato sfiancare le cavalcature o gli uomini nella marcia di avvicinamento. Porre la propria schiera ad una distanza minore avrebbe, al contrario, posto gli uomini entro il raggio d'azione di archi e balestre avversari. La loro capacità di penetrazione, al limite della gittata, era limitata, anche se il tiro di tali armi risultava estremamente fastidioso, costringendo i cavalieri montati a levate di scudi, o a tenere indosso i pesanti Grand'Elmi o, comunque, la testa riparata.
[187] Sembra che le trombe, tra i tanti strumenti musicali utilizzati, siano stati le più utilizzate per lanciare ordini e segnali durante i combattimenti. Sugli strumenti musicali utilizzati dagli eserciti dall'antichità ai giorni nostri si veda PEDDIE 1997, pp. 21-25.

visibilità; per gli uomini della prima fila, sui quali si schiantava la selva delle lance avversarie, la scelta del Grand'elmo era quasi obbligatoria.

Pronti sui loro destrieri, preferiti alle giumente ritenute non abbastanza focose per il combattimento, i cavalieri davano il colpo di sprone, seduti su selle dotate di un alto schienale[188]. Tenevano le gambe tese in avanti, con i talloni piegati verso il basso, la lancia stretta sotto il braccio destro, la mano sinistra libera per tenere le redini mentre lo scudo, fissato sull'avambraccio, era sospeso ad una cinghia passante intorno alle spalle e copriva il fianco sinistro.

Consentendo alla cavalcatura di avanzare ad un galoppo leggero, un cavaliere copriva in 30/40 secondi circa 200/250 metri che lo separavano dall'avversario. Se la schiera contrapposta non aveva nel frattempo ceduto, ci si doveva preparare all'impatto.

La sensazione visiva di vedersi arrivare contro una selva di lance in avvicinamento a 20 Km orari l'ora doveva essere una notevole prova di nervi per il *miles* a cavallo. L'impatto tra i due schieramenti viene descritto come "una foresta d'alberi che crollano sotto i colpi della scure"[189]. Questo fragore era dato dal legno delle lance che si spezzava nell'urto contro i corpi dei cavalieri o dei cavalli. Tuttavia ben poco le fonti ci dicono cosa avviene realmente in quegli attimi[190].
In quel brevissimo lasso di tempo che precede lo schianto, si aveva già nel proprio campo visivo l'avversario da abbattere. La velocità della cavalcatura non veniva diminuita, bensì era anche aumentata per enfatizzare gli effetti dello scontro. Dove puntare la lancia? L'obbiettivo doveva essere scelto entro un angolo non superiore ai 40° posto davanti alla propria persona; i compagni vicini coprivano i vuoti che necessariamente erano lasciati. Se il cavaliere contrapposto indossava un elmo che lasciava scoperto il volto, era sicuramente quella la zona da colpire. Le lunghe teste di ferro delle lance di cavalleria erano in grado, se utilizzate con questi criteri, di uccidere una persona sul colpo[191]. Se questo non era possibile per varie ragioni (l'avversario era ben protetto, la velocità eccessiva, la visibilità pessima), l'arma era puntata contro il cavallo. Abbattere la cavalcatura consentiva di mettere fuori combattimento l'avversario, almeno temporaneamente. Se anche il cavallo era protetto da una corazzatura il colpo era sullo scudo. La lancia era principalmente in grado di infliggere ferite perforanti. Qualsiasi bersaglio fosse stato scelto o colpito, la torsione avrebbe comunque spezzato l'asta. Questa si spezzava sia per l'improvvisa caduta verso il suolo del corpo trafitto, specie se pesava alcuni quintali come quello di un cavallo, sia per il contraccolpo ricevuto. Gli uomini colpiti erano gettati dall'impatto all'indietro, sbalzati via dalle loro selle, anche se queste erano costruite con uno schienale appositamente alto per impedire il più possibile i rischi di una caduta. Se il corpo che cadeva non era quello di un cadavere, il rischio più concreto era quello di procurarsi una frattura nella caduta. Il peso dell'equipaggiamento completo (20/30 Kg.) era ben distribuito su tutto il corpo. Pertanto, se non sussistevano ferire gravi o fratture immobilizzanti, l'estrema flessibilità delle cotte di maglia permetteva al militare di alzarsi senza troppa fatica. Occorreva a quel punto proseguire il combattimento a piedi o trovarsi il più velocemente possibile un altro cavallo[192].

---

[188] HYLAND 1994, pp. 4-17, 57-59, 82-105

[189] GUILLAUME DE PUYLAURENS, p. 209. La testimonianza, del Conte Raimondo VII di Tolosa, è riportata da Guglielmo di Puylaurens riguardo la battaglia di Muret (12 settembre 1215).

[190] Nel tormentato Nordest della metà del XIII secolo Rolandino da Padova notava che durante gli impatti tra formazioni di cavalleria contrapposte *fuit igitur fractio lancearum et stridor, tinitus ensium in galeis et loricis*. Inoltre, lo sontro tra oggetti metallici, produceva i seguenti spettacolari effetti; *clipei contra clipeos crepuerunt fragor strpuit lancearum, ensium tinitus insanuit, et clavis nodosis et ferreis ferientibus ad galeas calibosas ignee resultarunt sintille, ut diceres quasi fulgentes stellas*. ROLANDINUS PATAVINUS, p. 129 (1256), p. 148 (1258).

[191] Come avvenne durante la battaglia di Nicosia (1229) durante un combattimento tra Jean de Beirut ed un cavaliere lombardo. Jean abbatté il suo avversario dirigendo la sua lancia verso il volto scoperto dell'avversario. NICOLLE 1996a, p. 57.

[192] Sempre che non vi fosse della fanteria in appoggio alla cavalleria avversaria. Infatti il solito Rolandino da Padova ci informa che *cum fuissent usum confracte lancee [...] percussit alterum forti clava quod in terram cecidit et a peditibus est finitum*. ROLANDINUS PATAVINUS, p. 119 (1256).

Le due masse, dopo la collisione, si trovavano mischiate tra loro, specie nella fascia di contatto. In questa zona avviene la *meleé*, la mischia. Questa era nient'altro che la somma di moli combattimenti di individui, uno contro uno, uno contro due, tre contro cinque e via dicendo. Non poteva che essere così, per la semplicissima ragione che le armi bianche maneggiate da singoli individui hanno una portata ed un effetto limitatissimo. Nella mischia il cavaliere poteva utilizzare la lancia (se non si era spezzata, e questo era possibili per gli uomini delle seconde file), spada, pugnale, falcione, mazza o ascia; le sue capacità di infliggere ferite o uccidere erano limitate ad un cerchio di cui lui stesso era il centro. Solo all'interno di questo egli era in grado di colpire, ferire o trafiggere, mentre la periferia di questo cerchio corrispondeva alla portata massima delle sue armi, manovrate in base alla propria forza, all'abilità e all'addestramento.

Come vedremo più avanti, se l'armamento difensivo non era all'altezza e di buona qualità, le ferite inferte potevano essere gravissime e mutilanti. Per tutto il XIII secolo l'armatura fece la differenza tra la vita e la morte, tra la vittoria e la sconfitta. Più il cavaliere era corazzato, più le sue possibilità di sopravvivenza aumentavano. Gli uomini equipaggiati con armature di qualità inferiori venivano abbattuti con relativa facilità, mentre quelli protetti meglio potevano essere messi fuori combattimento, spesso solamente privi di sensi, solo dopo numerosi colpi[193].

Nel rileggere l'*Historia fratris dulcini* si ha l'impressione di trovarsi davanti ad una formazione raccogliticcia, improvvisata. Eppure la fanteria comunale italiana, in particolare quella dei comuni del nord Italia, Vercelli compresa, risultava essere tra le migliore fanteria europea del momento. Gli uomini erano continuamente addestrati, attraverso finte battaglie definite *battagliole*[194], allo scopo di poter reggere l'urto di formazioni a cavallo. A tutti i cavalieri del XIII secolo era perfettamente chiara l'inutilità di lanciarsi al galoppo contro la selva di lance della fanteria, rinserrata dietro un muro di scudi formato da tabulacci e pavesi. Le profonde formazioni dei soldati a piedi, disposte solitamente intorno al carroccio, erano in grado di tenere il campo in attesa di una azione di alleggerimento della propria cavalleria. Tuttavia anche contro la massa della fanteria era possibile, per una unità montata, operare vantaggiosamente, specie nelle seguenti condizioni:

- Cavalleria contro Fanteria in crisi di movimento. E' il caso di Montaperti. I Senesi si lanciarono contro la cavalleria fiorentina, che si diede alla fuga senza, peraltro, entrare in contatto con l'avversario. L'azione offensiva dei ghibellini si sviluppò allora contro i fanti ancora parzialmente incolonnati nella fase di disporsi di schierarsi in linea. Prima che qualsiasi tentativo di impostare una difesa organizzata possa realizzarsi, la fanteria guelfa fu annientata[195];

- Cavalleria contro Fanteria priva del supporto di unità montate. Senza il supporto di proprie formazioni a cavallo, i fanti potevano essere attaccati dalla cavalleria avversaria anche alle spalle. Chiudersi in un cerchio era un'opzione possibile, ma di difficile attuazione se il nemico, come spesso avveniva nella penisola, agiva in stretta cooperazioni con unità di fanteria[196].

---

[193] Interessante, a questo proposito, la testimonianza la descrizione di un duello tra due cavalieri corazzati avvenuto in *Outremer* nel 1198; *Al terzo attacco egli lo colpì con terribile forza con la sua mazza, sormontata da una testa di toro, il franco. Il cavallo del franco non era stato capace di evitare il colpo di mazza diretto al suo cavaliere, il quale era ben piantato sulla sella e rimaneva ora sospeso, svenuto e senza sensi.* NICOLLE 1996, pp. 16-17.

[194] Queste finte battaglia, aventi scopo puramente addestrativo, avvenivano sia nel nord della penisola che nel centro. *Liber de laudibus civitatis Ticiniensis*, p. 25; *Il constituto del comune di Siena volgarizzato nel MCCCIX e MCCCX*, p. 256; NICOLLE 1999, pp. 30-32.

[195] Lo scontro fu deciso sostanzialmente dalla cavalleria ghibellina e dalla sua capacità di assumere immediatamente l'iniziativa di attaccare un nemico in crisi di movimento. L'ipotesi di Roberto Marchionni, che prevede un lungo e prolungato scontro tra fanterie e truppe montate poste le une di fronte alle altre in un combattimento di logoramento, risolto dall'imboscata della riserva condotta dal Conte di Arras, è da rigettare: MARCHIONNI 1992; CARDINI-SALVINI 1984.

[196] VERBRUGGEN 1997, pp. 194-203. L'esempio citato della battaglia di Arques (1303) vide tuttavia una chiara vittoria della fanteria su una cavalleria avversaria tatticamente usata in pessimo modo. Vedi inoltre DEVRIES 1996, pp. 23-31.

Dovendo operare contro i fanti, le formazioni a cavallo si schieravano a distanza i sicurezza dai dardi di balestre e archi, intorno ai 250 metri di distanza. I cavalieri, al galoppo leggero, potevano coprire questa distanza in poco più di circa 40 secondi. In questo breve lasso di tempo potevano ricevere, dai balestrieri avversari, ben due scariche di quadrelli. I primi dardi, alla distanza maggiore, arrivavano al termine di un percorso a parabola. I tiri pertanto risultavano poco potenti e precisi. La seconda, più ravvicinata, scarica era tesa e rettilinea, essendo diminuita la distanza tra i contenenti. La letalità di questa era di gran lunga maggiore alla precedente. I cavalli colpiti incespicavano e crollavano al suolo tra nitriti di dolore, trascinando le cavalcature vicine nella loro caduta, ma il grosso procedeva sino al contatto con l'avversario, sino al suo muro di scudi e alla sua selva di lance.

In situazioni normali un cavallo al galoppo non punta direttamente su un ostacolo che può saltare o superare scartando di lato. Allo stesso modo non è in grado di saltare né individuare un varco in uno schieramento compatto di uomini; tanto meno si precipiterà verso quella sorta di ostacolo, ovviamente pericoloso, rappresentato dal muro di scudi e dalle lance spianate. D'altro canto un uomo eviterà di mettersi sul percorso di un cavallo al galoppo: fuggirà, si metterà al riparo, e soltanto se ha nervi eccezionalmente solidi e sa davvero come maneggiare le proprie armi, rimarrà dove si trova. Ciò non toglie che incidenti accadano. Uomini che fanno male i loro calcoli o siano poco rapidi e cavalli sbalestrati o imbizzarriti effettivamente si scontrano, e i risultati sono spiacevoli quasi unicamente per l'uomo.

Per quanto innaturali, questi scontri sul campo di battaglia medievale avvenivano. La fanteria comunale italiana era addestrata a "ricevere la cavalleria" e i cavalli erano a loro volta addestrati a caricare gli ostacoli, e la principale funzione del cavaliere consisteva proprio nell'obbligare gli animali a farlo, nonostante che la loro natura ed istinto vi si ribellassero.

Se con "l'urto" la cavalleria riusciva ad abbattere alcuni scudi, penetrare all'interno delle fila avversarie uccidendo un certo numero di avversari e a volgere in fuga gli impauriti superstiti, il "principio d'armi" della cavalleria, "l'urto" appunto, aveva avuto pieno successo. Infatti "l'urto" che la cavalleria infligge è, a rigor di termini, più psicologico che fisico[197]. Ma se l'ostacolo, dato dal fante e dal suo scudo, non si scansava od era abbattuto da un colpo di lancia, il risultato dell'azione era una breve, violenta e fragorosa collisione. Alcuni cavalieri, o le loro cavalcature, potevano rimane impalati sulle lance avversarie. La collisione tra la lancia ed il cavaliere, che si spostava sul campo di battaglia a circa 20 Km orari, era più che sufficiente perché la "Lanzalonga" potesse aprire gli anelli rivettati delle cotte di maglia, spaccare le piastre delle corazze, e, penetrando nelle carni, uccidere sul colpo. Se era il cavallo a rimanere ferito o ucciso, il pericolo maggiore era la rovinosa conseguente caduta.

Arrivati tra la selva di lance abbassate occorreva farsi largo tra le aste, scostandole violentemente o tagliandole con la spada, sino alla fila di scudi. Qualche cavallo, crollando, poteva abbattere un certo numero di difensori nella primissima linea, aprendo un varco nello schieramento avversario. A questo punto gli avversari potevano volgere in una fuga precipitosa, inseguiti dalla cavalleria secondo modalità che analizzeremo più avanti.

Poteva accadere, però, che la fanteria nemica non volgesse in fuga, ed occorreva pertanto confrontarsi contro unità armate di ronche, alighieri, ossia equipaggiata con armi d'asta in grado di agganciare e trascinare a terra un cavaliere. Se con "l'urto" la cavalleria non volgeva quasi immediatamente l'avversario in fuga, la sua sconfitta era praticamente certa.

---

[197] KEEGAN 2001, pp. 98-99.

Se invece "l'urto" aveva ottenuto l'effetto desiderato, le schiere avversarie si disgregavano e gli uomini si davano alla fuga. Approfittando della naturale maggiore velocità del cavallo sull'uomo, l'inseguimento delle truppe sbandate aveva lo scopo di impedire ogni riorganizzazione dell'avversario. La testa e le spalle, come prove archeologiche ci confermano, erano le parti colpite maggiormente, senza possibilità di difesa alcuna.

Le perdite più pesanti, del resto, avvenivano, dopo che la sorte dello scontro era già decisa, nel corso di quello che era, in pratica, un massacro di uomini disorganizzati ed incapaci di alcuna resistenza.

Finché le formazioni rimanevano intatte, le perdite di vite umane erano relativamente modeste, ma quando i ranghi venivano infranti il massacro aveva inizio[198]. Con la sua maggiore velocità la cavalleria poteva rastrellare un'ampia zona intorno al campo di battaglia.

La fanteria rappresentava la percentuale più alta tra i combattenti presenti sul campo di battaglia; avveniva, tra l'altro, che gli stessi cavalieri combattessero a piedi, rendendo pertanto estremamente labile il confine tra truppa montata e truppa piedi. Alla fanteria erano richiesti i seguenti compiti:

- difendere la posizione dalla cavalleria nemica[199];

- sostituire la cavalleria in azioni offensive "ad alta intensità" su terreni difficili[200];

- sostituire la cavalleria in azioni "a bassa intensità" in territori impervi.

Le tre principali specialità della fanteria e delle truppe a piedi italiane tra la metà e la fine del XIII secolo, composte con personale d'élite ben addestrato ed equipaggiate, erano formate dai soldati armati di "lanzalonga", dai pavesari e, come abbiamo già visto, dai balestrieri. Tatticamente erano organizzati come la cavalleria, suddivisi in "venticinquine", ossia in raggruppamenti di 25 uomini ciascuno[201]. Ogni realtà politica del periodo si premuniva di stabilire in modo preciso e puntuale quale doveva essere l'armamento della propria fanteria[202].

---

[198] Sull'aumento delle perdite da parte dell'esercito sconfitto durante le fasi della ritirata o della rotta. B. LIDDELL HART 1987, p. 166; DU PICQ 1914, 15-18, 56-61.
[199] Praticamente tutte le grandi battaglie del XIII secolo videro operare la fanteria con questa finalità. Per una visione generale delle azioni della fanteria italiana si veda CARDINI 1995, pp. 49-54.
[200] Si vedano, ad esempio, le operazioni militari di Ezzelino da Romano, che si vide costretto ad impiegare attivamente truppa reclutata nel bassanese, i pedemontani, abituata a combattere su terreni geograficamente tormentati. SETTIA 1993, pp. 157-160.
[201] *Montaperti* 2000, pp. 50-51.
[202] A Verona, verso la fine del Duecento, un *soldaerii pedites* doveva disporre di *panceriam, cevelleriam et collarium, guantum a mano detra, roellam, lancam, cutellum et spatam*. SANDRI 1940, p. 47 (1298 c.).

Fig. 17. *Bibbia Maciejowski,* m. 628, Pierpont Morgan Library, New York, U.S.A.; Francia del nord-Regno di Napoli, 1250-1270. Un balestriere e un fante coprono l'azione di un geniere. Il balestriere durante le fasi di caricamento risultava di fatto alla mercè dell'offesa avversaria. Pertanto operava necessariamente sotto la protezione di un pavesario o di un tabulacciario, assai più mobile, come nel caso qui raffigurato. Dalla cintura del soldato penzola il gancio necessario tendere l'arco della balestra. Buona parte dei balestrieri impiegati dal vescovo di Vercelli all'assedio del Monte Rubello provenivano da Genova, rinomato centro di reclutamento per soldati di tale specialità.

Le armi di questi soldati denotano immediatamente la vocazione principalmente difensiva dei fanti[203]. Gli spunti offensivi erano affidati quasi principalmente alla cavalleria. Tuttavia erano possibili azioni coordinate, quali attacchi frontali di cavalleria con accerchiamento alle ali da parte della fanteria[204].

Appoggiando il più possibile le ali dello schieramento ad asperità del terreno, corsi d'acqua e costruzioni per evitare possibili aggiramenti, le varie unità prendevano posizione in corrispondenza delle posizioni loro segnalate dai rispettivi alfieri.

Quanto spazio occupava la "prima linea"? Tenendo in considerazione solamente quella che possiamo definire la "linea di massima resistenza", ossia la parte di fronte difesa dai pavesi, alle cui spalle era posto il carroccio[205]. Un pavese, alla metà del XIII secolo era un'arma possente; dovendo coprire per intero una figura umana, era alto un metro e mezzo circa, mentre in larghezza raggiungeva anche il metro. Con questi dati possiamo idealmente ricostruire molte schieramenti adottati nel corso di alcune battaglie. Per esempio, sappiamo, grazie a fonti documentarie, che alla battaglia di Montaperti furono impiegati dai fiorentini 300 pavesi[206]. Supponendo che tra uno scudo e l'altro non vi fossero che pochi centimetri di spazio (probabilmente non più i 10 centimetri), l'ultima linea di resistenza guelfa in quella occasione si estendeva per circa 320/350 metri.

I balestrieri potevano essere posizionati tra i lancieri dietro i pavesi, anche se il personale di entrambe le specialità risultava troppo disperso tra i ranghi. In alternativa, gli armati di balestra si collocavano alle ali, in modo da creare giusto al centro dello schieramento il "terreno delle uccisioni". Qui i dardi si incrociavano sul bersaglio offerto dalle formazioni avversarie. Con questo schieramento teoricamente contro ogni avversario tiravano due distinti balestrieri. Durante il XIII secolo, inoltre, probabilmente ispirandosi a simili tattiche utilizzate nel medio oriente, in Italia si fa uso di corpi di fanteria tenuti in riserva[207].

La capacità di resistenza alle cariche di cavalleria della fanteria italiana era data dal fatto che essa era, probabilmente, la più disciplinata del mondo medievale. L'arma difensiva principale era data dalla selva di lance, lunghe sino a 5 metri, inclinate ed protese al di sopra dei pavesari e dei loro scudi. Come un fiorettista moderno, il fante armato della pesante lancia afferrava l'asta e la muoveva avanti ed indietro per colpire con forza il contrapposto cavaliere, o la sua cavalcatura[208]. Un gran numero di balestrieri, alle ali provvedevano ad alleggerire la pressione della cavalleria avversaria sino ad un eventuale ritirata dell'avversario o dei compagni d'armi.

Sebbene il trinomio balestra, lanzalonga, pavese fosse la tattica più diffusa e appariscente da utilizzare contro la cavalleria, esistevano tuttavia altri "metodi" per affrontare l'avversario. Probabilmente sotto l'influenza dell'esempio dei Saraceni di Federico II[209], si svilupparono tecniche di combattimento che prevedevano la fanteria leggera in stretta cooperazione con la cavalleria. I

---

[203] Non a caso, alla vigilia dello scontro di Campaldino, il Barone dè Mangiadori da San Miniato, *franco ed esperto cavalieri in fatti d'arme*, rivolto agli uomini d'arme fiorentini proclama che *Signori, le guerre in Toscana si sogliano vincere per assalire* (riferendosi evidentemente agli assalti di formazioni di cavalleria); *e non duravano, e pochi uomini vi moriano, chè non era uso l'ucciderli. Ora è mutato modo, e vinconsi per stare ben fermi. Io vi consiglio che voi stiate forti, e lasciateli assalire.* Le tattiche difensive della fanteria si erano quindi già completamente evolute entro l'ultimo decennio del XIII secolo. DINO COMPAGNI, p. 22

[204] Un caso simile a quanto qui descritto avvenne durante la battaglia di Campaldino, che vide una stretta collaborazione tra fanteria e cavalleria. *Il sabato di San Barnaba* 1989; *La Battaglia di Campaldino* 1999; NICOLLE 1995, p. 186.

[205] Su questo carro, dotato di pennone, erano issate le insegne comunali e doveva servire ai combattenti come punto di riferimento durante lo scontro, essendo posto grosso modo al centro dello schieramento. Rappresentava inoltre il centro di raccolta e riordino per le truppe sbandate.

[206] *Montaperti* 2000, p. 53.

[207] NICOLLE 1995, pp. 129, 188-189.

[208] Sull'uso della picca, diretta "discendente" della lunga lancia medievale, vedi HAYTHORNTHWAITE 1994, pp. 25-29.

[209] Questi contingenti combattevano anche a piedi. GRAVETT 1997, pp. 16-17, 46.

fanti andavano all'assalto dietro ed in mezzo alle proprie formazioni di cavalleria; quindi assalivano le cavalcature avversarie, sventrandole utilizzando corte spade (definite anche come *coltelli*[210]), in grado di operare profonde ferite tramite colpi ad effetto tagliente. Inoltre i fanti che operavano con queste tattiche avevano il compito di finire i cavalieri nemici caduti a terra con un robusto pugnale, - ad azione perforante - definito *misericordia*[211].

Un esempio pratico dell'utilizzo di questa tattica è riscontrabile nella battaglia di Campaldino nel 1289; i fiorentini tenevano davanti ai loro feditori[212], già raggruppati per il combattimento, unità di balestrieri col compito di molestare e scompaginare le file avversarie. Questo provocò l'assalto della cavalleria pesante aretina, la quale era appoggiata da formazioni di fanteria leggera. Gli aretini furono in grado di sbaragliare così gli avversari e, almeno nelle fasi iniziali della battaglia, volgerli in fuga[213].

Contro la linea avversaria potevano, quindi, attaccare anche masse di fanteria. L'attacco poteva avvenite alle ali o al centro dello schieramento avversario, spesso appoggiato o composto con aliquote, più o meno importanti, di cavalieri appiedati[214]. Questa tattica permetteva di far pesare nel combattimento a piedi il migliore armamento difensivo ed offensivo dei cavalieri ed il loro migliore addestramento nello scherma. Con la spada – ed altre armi – era possibile sferrare tutta una serie di colpi, ma il più diffuso sembra essere stato quello che prevedeva una finta vero il volto dell'avversario seguita da un rapido affondo verso le gambe, spesso sprovviste di difese per favorire la mobilità in combattimento, causando gravissime ferite[215]. Molti militari risultavano così *horribiliter detruncati*[216].

Soldati meno abili nel maneggio della spada potevano sopperire alle loro deficienze combattendo in gruppo, assalendo singole persone. Questo poteva avvenire, comunque, solamente ai margini della mischia, nella zona più esterna della "zona di uccisione"[217]. Mentre un fante faceva qualche finta davanti ad uomo d'arme, un altro, evitandone la spada, lo colpiva sulla schiena, sul capo, oppure sotto le ginocchia. Una volta a terra un colpo di pugnale al viso, al capo, alla gola o sotto l'ascella era più che sufficiente per spacciarlo o lasciarlo dissanguarsi. Questi scontri no duravano che qualche secondo, una serie di botte parate alla meno peggio, una cauta, l'inginocchiarsi di una o due figure su un'altra supina, un paio di pugnalate ed un grido finale.

All'interno della "zona di uccisione" particolarmente efficaci risultavano essere le armi polifunzioni (in grado di infliggere più tipi di ferite) quali i ronconi. Tuttavia i combattimenti corpo a corpo non duravano mai troppo a lungo, semplicemente perché la fatica fisica e psicologica era enorme. Clausewitz credeva che i soldati del suo tempo fossero esausti dopo 20 minuti di combattimento serrato[218]. M. G. Fuller suggerisce in 15 minuti la durata massima della resistenza fisica di un militare in un combattimento nell'antichità[219]. Probabilmente la maggior parte delle mischie durava anche meno. Se nessuna delle due parti metteva in fuga l'altra, allora le due schiere si separavano a breve distanza per sostituire gli uomini esausti delle prime file. Tutto questo avveniva in pochi minuti. In queste brevi sospensioni dei combattimenti, che non avvenivano necessariamente su tutto il fronte, erano spostati i feriti ed inviati i rincalzi. Durante i combattimenti che si protraevano a

---

[210] NICOLLE 1999, p. 55.
[211] NICOLLE 1996a, p. 32.
[212] Ossia i "Feritori". Si trattava di reparti di cavalleria scelta destinati ad operare nelle prime fila all'inizio dei combattimenti.
[213] *I pedoni degli Aretini si metteano carpone sotto i ventri dè cavalli con le coltella in mano, e sbudellavalli*. DINO COMPAGNI, p. 23.
[214] NICOLLE 1996b, p. 33.
[215] MERENDONI 1999; GRAVETT 1996, p. 10. Altra tecnica di scherma particolarmente diffusa in Italia nei secoli XIII e XIV, che prevedeva un rapido affondo. è riportata da NICOLLE 1995, p. 187.
[216] ROLANDINUS PATAVINUS, p. 56 (1237): *ego vidi militem quendam de bonis militibus paduanis (...) ambobus pedibus horibiliter detruncatum*.
[217] Vedi nota 12.
[218] CLAUSEWITZ 1942, pp. 291-313.
[219] FULLER 1965, pp. 90-91.

lungo, queste soste dovevano essere numerose. Nei combattimenti di fanteria, se nessuno dei due schieramenti riusciva ad aprirsi un varco nelle prime fasi della mischia, avveniva necessariamente una sospensione dello scontro. Molti uomini venivano sostituiti e all'assalto successivo potevano respingere indietro il nemico di qualche metro. Dopo di che si esaurivano nuovamente le forze e la volontà per proseguire. Anche se i vincitori delle singole spinte soffrivano poche perdite, il numero di queste cresceva ad ogni scontro.

Prima di aprire un varco nelle linee avversarie potevano quindi occorrere gravi perdite: se infine il varco era aperto, occorreva sfruttarlo per rompere la coesione dell'esercito contrapposto inviando colà le riserve di uomini disponibili[220]. A questo punto la sconfitta del nemico al prezzo di gravi perdite era certa, a meno che non comparissero dai fianchi o dalle retrovie forze esterne in grado di ribaltare la situazione

Tattiche per combattimenti "a bassa intensità"

L'elemento missile nelle azioni di guerriglia poteva avere un effetto notevole in scaramucce o imboscate, specie se quest'ultime svengono predisposte in precedenza. Un'unità condotta in un "zona d'uccisione"[221], ossia il luogo dove l'avversario deve essere circondato ed annientato, subiva in poco tempo gravi perdite a causa di dardi e frecce scagliate da pochi metri, in grado di infliggere ferite immediatamente letali. A breve distanza la freccia scagliata da un'arco "trapassò la coscia di un guerriero ricoperta dall'armatura, la sella, ed infine trafisse il cavallo. L'armatura di un altro cavaliere fu perforata da una freccia all'altezza del fianco fino alla sella e quando questo si girò fu colpito da un'altra freccia che gli attraversò la gamba e lo inchiodò alla cavalcatura"[222]. Tali devastanti effetti erano enfatizzati dal fatto che gli archi "non sono fatti per scagliare una freccia a grande distanza, ma per infliggere ferite gravi in un combattimento ravvicinato"[223].

Durante le razzie in territorio nemico, definite "gualdane", o "guasto"[224], la mobilità era un vantaggio assai notevole che l'attaccante aveva sul difensore: ecco dunque che truppe quali arcieri e balestrieri montati, i Saraceni di Lucera, divennero importanti elementi in questi contesti bellici.

Nelle operazioni "a bassa intensità" la parte giocata dalla cavalleria era assai importante, sia che dovesse interpretare un ruolo offensivo che difensivo. La finalità strategica di una azione "a bassa intensità" o, se si preferisce, di guerriglia, o *gualdana*, o, ancora, *guasto*, era quella di dimostrare all'avversario che le sue proprietà non erano sicure e il nemico poteva muoversi tranquillamente, senza troppi fastidi all'interno dei suoi confini. Materialmente il territorio avversario era devastato, i raccolti rovinati, il bestiame razziato, casolari isolati e piccoli centri abitati scarsamente difesi erano saccheggiati ed incendiati. I danni economici arrecati erano, in realtà, più psicologici che reali. Qualche campo poteva essere bruciato, alcuni alberi da frutta abbattuti, ma non ci si poteva fermare troppo a lungo per completare tale operazioni; erano i contadini ad essere abbattuti, non i loro campi[225].

---

[220] Le fasi dei combattimenti all'arma bianca sono ottimamente descritti in GOLDSWORTHY 1998, pp. 171-247.

[221] Il termine "zona d'uccisione" è la traduzione letterale dell'inglese "killing ground". Viene così definita la zona di terreno in cui avvengono la maggior parte delle uccisioni. Queste in battaglia hanno luogo entro "zone di uccisione" ben definite e relativamente limitate, di cui l'esempio più noto e meglio comprensibile è formato dalla "terra di nessuno" della guerra di trincea. La profondità della "zona di uccisione" è determinata dalla portata effettiva dell'arma più usata, la quale, negli scontri di fanteria, è sempre piuttosto limitata e, nel caso di combattimenti all'arma bianca, brevissima, non più di qualche metro. Quanto più una delle parti in lotta riesce ad estendere la "zona di uccisione" tanto maggiori sono le perdite che riesce a infliggere.

[222] La testimonianza dell'efficacia degli archi da brevi distanze è di Giraldus Cambrensis, che scrive nella seconda metà del XIII secolo un *Itinerarium* ed una *Descriptio Cambriae* con numerosi riferimenti alla guerra tra gallesi ed inglesi, alla quale i brani citati in questo lavoro si riferiscono. NEWARK 1991, p. 88.

[223] La testimonianza è ancora di Giraldus. MORRIS 1996, p. 16.

[224] Gualdana, Guasto; ROLANDINUS PATAVINUS, p. 135. Su questi termini e sulle attività di saccheggio vedi anche ARTIFONI 1985, pp. 244-248.

[225] La devastazione intesa come impoverimento economico dell'avversario non poteva avere che effetti quanto mai limitati; l'oggettiva difficoltà di distruggere alberi, vigneti e campi di grano impediva una distruzione su larga scala. La reazione militare alla

Gli eserciti medievali ricorrevano spesso, per portare a termine queste operazioni militari, ai *Berrovieri*[226]. Si trattava di una sorta di cavalleria leggera, destinata ad operare in appoggio alla cavalleria dei *milites*[227]. Erano definiti *berroerii*[228], *berrodeii*[229], oppure *servientes* o *serragente*[230], e avevano, per disposizione degli statuti comunali, un destriero[231] *non covertato*, privo quindi di protezioni[232]. Questa specifica volontà di voler eliminare del peso dalla groppa della cavalcatura conferiva al *berroviere* una maggiore velocità di movimento che, in quanto ad armamento difensivo, sembra non dovesse avere alcunché da invidiare al personale della cavalleria pesante[233].

Per quel che riguarda la cavalleria si possono individuare due particolari momenti operativi nelle situazioni "a bassa intensità":

- Situazione offensiva. Le finalità del *guasto* erano la maggiore distruzione possibile dei beni del nemico sparsi sul suo territorio, o la minaccia di una tale azione, senza farsi sorprendere. Si trattava quindi di un'operazione basata sulla velocità, compiuta da una squadra di 10/20 uomini in grado di spostarsi da un punto all'altro all'interno dei possedimenti dell'avversario[234].

- Situazione difensiva. Per il difensore, anche se in grado di muoversi velocemente sul territorio da controllare, rimaneva il principale problema tattico di riuscire a prendere contatto con il nemico. Se a livello strategico una soluzione poteva essere quella dell'incastellamento[235], tatticamente la cavalleria serviva ad individuare il nemico; se debole, lo si poteva attaccare immediatamente, altrimenti si fingeva una debolezza di forze, ci si faceva inseguire per portare il nemico in una imboscata organizzata con l'ausilio di unità di fanteria. Quindi, dopo aver fatto fronte, si procedeva allo scontro con il nemico "ammorbidito" dall'azione delle armi della fanteria appostata[236].

---

gualdana era più diretta contro la semplice *minaccia* di attaccare il coltivo che all'aggressione vera e propria, destinata comunque ad avere effetti limitati. La sola vista dei devastatori nemici che attraversavano liberamente le terre degli invasi era considerata di per sé una violazione tanto dell'intimità individuale quanto dell'orgoglio municipale. HANSON 1989, pp. 23-25.

[226] Berroviere; GLORIA 1873, p. 235 (a. 1234).

[227] Deve essere in questo caso inteso come cavaliere di rango, distinto sia a livello sociale che per l'equipaggiamento esibito. SETTIA 1993, *Comuni in guerra* cit., pp. 187-188.

[228] Berroerii; ROLANDINUS PATAVINUS, p. 264 (1256).

[229] Berroderii, ZORZI 1931, p. 207 (a. 1296).

[230] Servientes, Serragente; GUERZONI-BUOSI 2000, p. 57.

[231] Oppure dovevano cavalcare *zumentam unam gentilem* in quanto gli stalloni dovevano essere utilizzati dai soli *militibus nobilibus*. Tale prescrizione si spiega con la volontà di dotare delle cavalcature più possenti i reparti di cavalleria pesante, nella quale solo alcuni strati della società potevano entrare a far parte, causa il costo dell'equipaggiamento. LIBERALI 1951, p. 282.

[232] [...] *berroerius ab uno equo vel equa, teneatur et habere debeat omnia supra arma exceptis lameriis et coopertis ab equis*. SANDRI 1940, p. 680.

[233] Tranne parte dell'armatura aggiuntiva a piastre. Questo "alleggerimento" sanciva quindi il ruolo specifico di cavalleria leggera dei berrovieri. In altre città, come Vicenza, potevano scegliere se indossare lamerie o pancerie, potendo fare a meno delle gamberie. LAMBERTICO 1886, p. 264.

[234] Sull'attività offensiva della cavalleria, in particolare dei berroveri, in operazioni "a bassa intensità", BISCARO 1934-35, p. 642. Ovviamente erano utilizzati anche contingenti di maggiore entità, tanto che, nel marzo del 1242, un contingente di berrovieri bresciani, assalito da contingenti avversari in un'azione che potremmo definire di "controguerriglia", non ebbe che *excepta destruccione quarundam tegetum, que per beroerios poterant de facili dissipari*. WINKELMANN 1880, p. 589.

[235] Sull'incastellamento, in particolare sugli sviluppi di tale fenomeno nell'Italia nord-occidentale si veda: BENENTE-GARBARINO 2000. Per quello che riguarda l'incastellamento legato a particolari vicende militari BENENTE-BALDASSARRI-GARIBALDI-MARRA-PANETTA-PIOMBO 2000, pp. 161-169; CERINO BADONE 1998, pp. 9-20.

[236] NICOLLE 1995, pp. 183-187.

Fig. 18. *Bibbia Maciejowski,* m. 628, Pierpont Morgan Library, New York, U.S.A.; Francia del nord-Regno di Napoli, 1250-1270. Un gruppo di prigionieri è trascinato via dal campo di battaglia. Si noti come il trattamento dei soldati catturati non sia dei più cavallereschi; le mani sono legate dietro la schiena mentre delle corde legate al collo servono alle sentinelle per controllare gli sfortunati nemici. I pochi dolciniani superstiti della battaglia del 23 marzo 1307 furono tratti assai peggio di quanto qui raffigurato. Nella miniatura solo il personaggio a cavallo, di nobili origini, sembra godere di un trattamento differente; gli è consentito stare a cavallo, sebbene le sue mani siano bene legate.

"Loro combattono nella piana, noi sul terreno scosceso; loro combattono nei campi aperti, noi nei boschi; là l'armatura è un onore, qui è un fastidio; loro vincono stando fermi, noi con l'agilità; loro catturano il nemico, noi gli tagliamo la testa; loro riscattano prigionieri, noi li ammazziamo e basta"[237]. Con questo pittoresche, ma quanto mai efficaci, parole Giraldus Cambrensis descrive le tattiche di guerriglia utilizzate dai gallesi contro gli inglesi nella seconda metà del XIII secolo.

Il territorio della penisola italiana è caratterizzata per buona parte da rilievi montuosi, ricoperti spesso da una folta vegetazione. Su questi difficili terreni doveva operare necessariamente la fanteria. Se erano improponibili, per varie ragioni, operazioni militari in grande stile, si ricorreva alle azioni di disturbo, ai combattimenti "a bassa intensità" allo scopo di disturbare il nemico, razziare parte delle sue risorse, costringerlo a mosse affrettate.

Destinati a questo particolare modo di guerreggiare, ossia ad operare la *gualdana*, o *gualdo*, erano gli *zafones*[238], i *wastatores*[239], i *ribaldi* o, ancora, i *routiers*[240]. Oltre a questi, in grado di spostarsi sia a cavallo che a piedi[241], c'erano i *berrovieri*. Si trattava spesso di personaggi non tenuti ad un servizio armato, una via di mezzo tra mercenari e fuorilegge veri e propri, tuttavia ben tollerati dall'istituzione che li arruolava, in quanto procuravano danni alle proprietà del nemico. Rappresentavano assai bene, date le devastazioni e le rapine che in talune occasioni mettevano in atto, la vera natura predatoria della guerra medievale.

Come operavano tatticamente sul campo? Si riunivano un certo numero di *wastatores*, anche alcune decine, ed in gruppo, velocemente si muovevano sul territorio dell'avversario saccheggiando, disperdendo e massacrando tutto ciò che incontravano, attaccando piccoli centri abitati, castelli isolati, unità militari inviati ad intercettarli. Ovviamente si trattava di azioni ben pianificate in precedenza, in quanto la durata delle operazioni era proporzionale alla reazione avversaria.

Gli scopi militari delle operazioni "a bassa intensità" erano:

- distogliere dal vero obbiettivo di una azione "ad alta intensità" un cospicuo numero di forze avversarie;

- identificare le posizioni e saggiare la reazione dell'avversario[242];

- ingaggiare schermaglie col nemico per infastidirlo e provocagli il maggior numero di perdite[243].

I terreni montuosi, caratterizzati da valloni boscosi e passaggi obbligati, erano il luogo ideale per organizzare imboscate. Si individuava un contingente avversario abbastanza ridotto da poterlo affrontare con successo. Quindi con una finta ritirata lo si conduceva sino nella "zona di uccisione" e, dopo aver bloccato ogni via di fuga o avanzata, lo si circondava. Sfruttando un'eventuale

---

[237] Le parole di Giraldus sono riportate in HOOPER-BENNET 1996, p. 72.
[238] Zafones; VERCI 1786, p. 106, doc. 275 (20 giugno 1284). A quanto sembra il termine zafones era in uso nel XIII secolo solo nella marca trevigiana; cfr. SETTIA, *Comuni in Guerra* cit., p. 197.
[239] Wastatores, ROLANDINUS PATAVINUS, p. 135 (1256).
[240] Ribaldi, Routiers; ARTIFONI 1985, pp. 244, 248.
[241] Data la leggerezza dell'armamento (vedi note 44 e 45) possiamo ragionevolmente presumere un'adattabilità, da parte di questo tipo di militare, alle varie situazioni tattiche che i confronti "a bassa intensità" potevano presentare, specie su difficili terreni montuosi. Anche gli zafones e i ribaldi si potevano muovere a cavallo: SETTIA 1989, p. 282.
[242] Davanti all'esercito regolare ezzeliniano marciarono, nel 1258, truppe irregolari. L'obbiettivo era Treviso *quidam pedites et zafones illi [...] precedentes inordinate ante militum acies, quasi per miliare et amplius, animosi quam oportuit in nimium irruentes*. ROLANDINUS PATAVINUS, p. 146.
[243] ROLANDINUS PATAVINUS, p. 67. Federico II inviò *omnes eciam vastatores et damnificare fecit [...] inimicos*.

presenza di balestrieri, arcieri o frombolieri per il tiro di copertura, in pochi attimi si andava a contatto con la pattuglia avversaria e si giungeva al corpo a corpo nella situazione più favorevole possibile.

Contro la gualdana e le azioni "a bassa intensità" del nemico, una contromisura possibile era il controllo del territorio, tramite la fortificazione di centri abitati, l'erezione di castelli o tramite meno dispendiose fortificazione campali[244] in appoggio alle forze mobili. Il territorio veniva così tenuto sotto controllo tramite una serie di punti di osservazione posti in siti abbastanza elevati in grado di consentire un'ottima e completa visuale sulla zona circostante. Per tutto il XIII secolo i cavalieri teutonici utilizzarono un simile sistema per mantenere sotto il loro controllo le turbolente provincie baltiche facendo uso di piccoli centri difensivi in contatto visivo tra loro ed in grado di osservare ampie porzioni di territorio ostile[245]. Ovviamente queste fortificazioni dovevano sia osservare sia, alla bisogna, ospitare l'unità destinata ad intercettare gli eventuali scorridori avversari.

---

[244] Queste fortificazioni assumevano spesso le caratteristiche costruttive di piccoli fortilizi ed erano denominate *bastite* o *tornafolle*.
[245] NICOLLE 1995, p. 125; CHRISTIANSEN 1997, pp. 73-92.

Fig. 19 (pagina seguente). *Bibbia Maciejowski,* m. 628, Pierpont Morgan Library, New York, U.S.A.; Francia del nord-Regno di Napoli, 1250-1270. Un accampamento, privo di difese, è assalito e sopraffatto. I difensori non hanno neppure il tempo di armarsi, tanto è stato repentino l'attacco. Onde evitare simili spiacevoli esperienze gli accampamenti, se necessario, venivano fortificati. Perfino modeste fortificazioni di terra (e dei pali appuntiti) erano in grado di frenare l'urto di una carica di cavalleria (e del resto i cavalieri non muovevano di solito all'attacco contro simili ostacoli). Tuttavia, oltre agli innegabili vantaggi tattici che strutture fortificate semipermanenti conferivano ai loro possessori (anche se a scapito della mobilità), l'edificazione di simili opere risultava essere un espediente psicologico estremamente efficace. In primo luogo un esercito o un drappello di armati in un territorio ostile e sconosciuto, quali le montagne di Trivero e Biella, poteva trovare nella famigliare struttura dll'accampamento un piacevole senso di sicurezza. Con il fossato, il terrapieno e la palizzata che tenevano lontano eventuali drappelli nemici o, addirittura, bestie feroci, i soldati potevano lavarsi, accudire al proprio equipaggiamento, conversare e divertirsi in un'atmosfera rilassata. Questo stesso senso di sicurezza avrebbe permesso loro di dormire sonni tranquilli e di essere quindi pronti per la marcia o la battaglia il giorno seguente. Quindi l'abbrutimento fisico e la fatica accumulata dalle truppe impegnate in una campagna militare potevano essere in parte compensate dalle possibilità di recupero offerte da una notte di sonno. Oltretutto se è vero che per costruire impianti fortificati simili occorreva molto tempo, è altrettanto vero che i perimetri fortificati potevano essere adeguatamente controllati da un numero minimo di sentinelle, sia per sventare attacchi notturni sia per normali turni di vigilanza, sia diurna che notturna.

Fig. 19

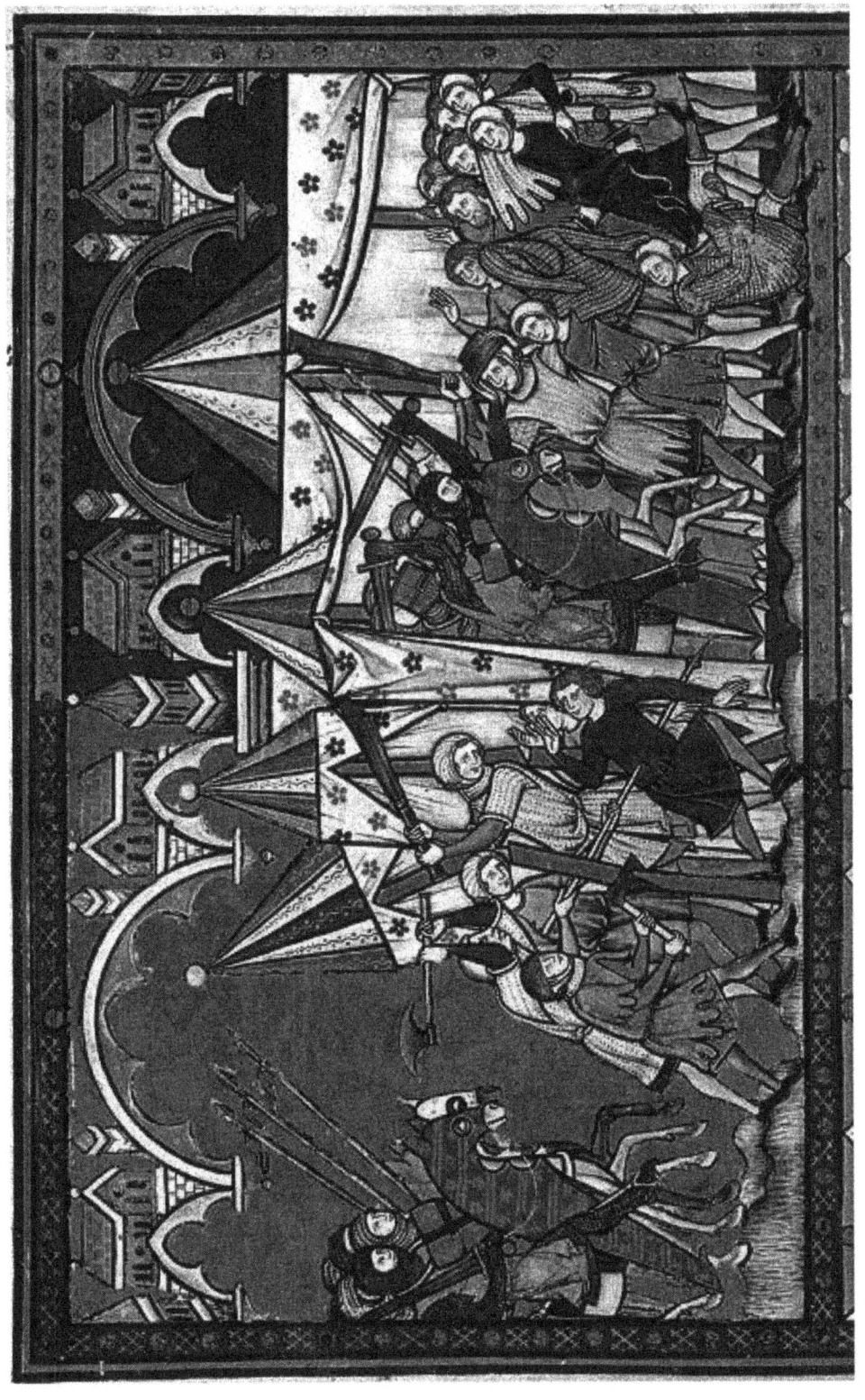

Fortificazioni Campali

Limitando l'analisi alle vicende del Monte Rubello, rimane da comprendere il reale ruolo e significato delle fortificazioni erette in occasione di un assedio. Appare ora evidente che chi assediava doveva ad un certo momento "prendere contatto" con il nemico, ossia avvicinarsi alle sue difese e tentare di penetrare all'interno del suo perimetro difensivo. In ogni caso anche l'assediante si fortificava; le finalità delle opere erette erano le seguenti;

- protezione di passaggi e vie di transito obbligate;

- occupazione di siti d'altura onde ottenere eccellenti siti d'osservazione;

- protezione per truppe e materiali in postazioni esposte all'offesa avversaria.

Intorno al Monte Rubello si verificarono tutte e tre queste evenienze. Percorsi obbligati come la Sella di Caulera e la Bocchetta delle Pontigge furono prima di tutto presidiati da contingenti armati. Onde proteggere la truppa colà schierata da assalti improvvisi, temuti e messi comunque in atto dai combattenti dolciniani, bastite dotate di elevati terrapieni e fossati furono presto erétti. La costruzione di queste opere, definite anche *castella*, aveva anche una funzione simbolica e morale; per la truppa significava potersi sistemare all'interno di un perimetro fortificato, mettendo tra le proprie tende e il nemico un solido e alto terrapieno. Non solo, ma per chi dall'esterno aveva la ventura di osservare il campo di battaglie e le linee dell'assedio aveva la percezione immediata della collocazione delle posizioni nemiche e di quelle nemiche. Inoltre costruendo fortificazioni si simboleggiava appunto la presa di possesso di una determinata posizione.

Da un punto di vista funzionale, se particolarmente vicine alle postazioni avversarie, le fortificazioni avevano la funzione precipua di protegge dalle offese avversarie uomini e mezzi. Non a caso il vescovo Raniero fece costruire una vasta bastita proprio nelle vicinanze del Monte Rubello col preciso scopo si sistemarvi delle macchine belliche; queste, due potenti trabucchi, risultavano essere troppo preziose per poter essere lasciate alla mercé dei Dolciniani. Per quanto robuste questi erano in grado di poter danneggiare seriamente i meccanismi di lancio, se non addirittura incendiare completamente le macchine. Il trasporto e il funzionamento delle due artiglierie neurobalistiche rappresentava già di per sé una vittoria tattica per il vescovo. Pertanto non dovevano assolutamente cadere in mano nemica o essere rese inservibili. Una robusta fortificazione, adeguatamente presidiata, consentì ai crociati di poter far funzionare in tutta sicurezza i trabucchi e mantenere una pericolosa postazione a poche decine di metri dalla vetta del Monte Rubello.

Nella guerra medievale il possesso di una vetta non garantiva il controllo di una via di transito. Il potenziale della forza missile del guerriero del XIII e XIV secolo non era così efficace da poter controllare una strada o un passo posto oltre i cento metri di distanza. Quando gli uomini di Raniero Avogadro furono in grado di impossessarsi della vetta del Monte Tirlo, non ebbero comunque la capacità di scacciare i Dolciniani stanziati nella sottostante piana di Stavello. Allo stesso modo gli eretici non furono in grado di scacciare i loro avversari dalla Sella di Caulera. Anche se avessero un arsenale simile come potenziale a quello crociato il risultato non sarebbe cambiato. Occupare le vette significava principalmente poter guardare lontano, osservar cosa il nemico faceva nel proprio campo, dove il nemico stava andando quando usciva dalle sue postazioni. Questo fu lo scopo principale in base al quale Raniero ordinò di costruire una serie di nuove fortificazioni nell'inverno del 1306-1307. Dovendo tenere sotto controllo una vasta area montuosa, decise di estendere la propria capacità "visiva" mantenendo dei presidi sulle principali vette che circondavano il Monte Rubello. Il presidio era limitato, del resto la forza che veniva schierata lassù aveva lo scopo di vedere e riferire, tramite convenuti segnali musicali, oppure con fuochi, l'avvicinarsi di contingenti avversari che discendevano dalla postazioni del Rubello.

Dovevano esistere anche tagliate e posti di blocco lungo le principali vie di comunicazione, anche se queste non si sono conservate sino a noi a differenza delle postazioni d'altura.

Fig. 20. *Bibbia Maciejowski,* m. 628, Pierpont Morgan Library, New York, U.S.A.; Francia del nord-Regno di Napoli, 1250-1270. L'esercito si prepara a partire; con singolare realismo l'autore della maniatura ha illustrato i carriaggi e le bestie da soma necessari per il trasporto degli equipaggiamenti di una armata. Ovvimante solo in pianura e con un sistema viario in condizioni accettabili era possibile utilizzare carri come quelli qui illustrati. L'alternativa rimanevano le bestie da soma, come l'asino presente sulla sinistra della scena carico di bisacce.

Logistica

Ben costruite e disposte, assai imponenti come fortificazioni campali, le bastite che gli uomini del vescovo Raniero costruirono risultavano essere assai difficili da espugnare con un assalto diretto. Il loro vero tallone di Achille stava nel fatto che la truppa di presidio per i rifornimenti dipendeva totalmente dall'esterno. Se fonti d'acqua potevano essere presenti nelle vicinanze, il cibo doveva essere totalmente trasportato dai paesi situati al piede dei monte.

Non risulta che alcuna delle bastite crociate venne espugnata dai dolciniani con un assalto diretto. Tuttavia i seguaci di Dolcino furono in grado di comprendere molto bene quanto i loro avversari dipendessero dai trasporti che giungevano dal basso. Intercettando e disperdendo le salmerie con i rifornimenti, le condizioni di vita e il morale dei presidi scemò a tal punto che alle prime avverse condizioni meteorologiche le postazioni più alte furono abbandonate senza un preciso ordine vescovile.

Date le strade che salivano a Stavello, al Massaro e al Rubello, al più mulattiere o sentieri, muli o asini divenivano il mezzo di trasporto ideale per recare i necessari rifornimenti. Greggi o, eventualmente, bovini, forniva le necessaria riserve di carne, macellate poi all'interno degli accampamenti. Sempre che non fossero predate dai Dolciniani.

Gli effetti dei combattimenti sul corpo umano

Le poche fosse comuni, ove sono sepolti i caduti di uno scontro medievale, indagate archeologicamente dimostrano manifestamente quanto fossero letali le armi del periodo e quale raccapricciante spettacolo doveva apparire il campo di battaglia al termine degli scontri. La maggior parte degli inumati delle fosse comuni di Visby e Towton presentavano gravi ferite da taglio e perforanti, riconoscibili là dove le armi hanno intaccato le ossa. I due ritrovamenti, sebbene non appartenenti all'area e al periodo che stiamo indagando, sono al momento i soli che ci consentono di analizzare gli effetti di un combattimento effettivo, i risultati delle uccisioni avvenute nella "zona di uccisione".

Visby è il centro principale dell'Isola di Gotland, nel Mar Baltico, al largo di Stoccolma. Nel 1361 la locale guarnigione svedese fu annientata da una forza di invasione danese. Agli inizi del XX secolo furono rinvenute le fosse comune nelle quali erano sepolti 1185 cadaveri, spoglie degli uccisi di quello scontro, molti dei quali con ancora indosso le armature dentro le quali furono uccisi. Il caldo, oltre ad altre ragioni a oggi noi ignote, fecero si che essi furono tumulati con parte del loro equipaggiamento.

Studi particolareggiati sono stati effettuati su questi scheletri a partire dal 1930[246]. Subito si è potuto comprendere che si poteva compiere una accurata indagine solo sulle ferite che avevano scalfito le ossa o interessato parti ossee, non quelle che avevano ucciso a causa di danni ai soli tessuti.

Solo 456 scheletri presentano ferite che hanno danneggiato le ossa tramite un colpo di ascia o di spada (ferita tagliente), mentre sono 126 presentavano segni di colpi di lancia e freccia. Danni causati da ferite fratturanti non sono state individuate, in quanto è risultato difficile distinguere le fratture causate per effetto di un'arma da quelle avvenute tramite la pressione che per secoli il terreno ha esercitato sulle ossa.

---

[246] THORDEMAN 1939, pp. 94-95, 160-194. Vedi inoltre NICOLLE 1995, pp. 256-257.

Si è potuto apprendere che ben l'85% degli scheletri che presentavano qualche segno di ferita erano stati colpiti alle gambe. Segno evidente che dalla maggior parte dei combattenti era stata preferita l'agilità di movimento a una protezione più completa degli arti inferiori (oppure la milizia di Visby non poteva permettersi un equipaggiamento più funzionale). Inoltre i colpi di scherma del periodo prevedevano la mutilazione delle gambe sprotette dell'avversario. Le ferite dovevano essere di una gravità inaudita: i colpi sono stati in grado quasi ovunque di troncare di netto l'arto interessato, ed in un caso entrambe le gambe sono state tranciate da un singolo colpo.

La maggior parte degli scheletri, comunque, non presentava danni alle ossa, essendo state le ferite mortali inferte nella carne (addome, torace). Sfortunatamente non si è potuto comprendere l'incidenza delle ferite fratturanti, o delle semplici fratture per caduta. Fratture del cranio con sfondamento della calotta cranica non potevano essere curate, mentre la frattura di braccia e femori, se la ferita era chiusa e il ferito possedeva una certa posizione sociale, potevano essere ridotte e curate con un certo successo. Per quel che riguarda le fratture della spina dosale, esse erano lesioni fatali poiché i chirurgi dell'epoca non erano in grado di curarle. La prognosi dei feriti colpiti da dardi o colpi perforanti era tra le più gravi. Vi erano possibilità di cavarsela se la ferita era localizzata su un braccio od in una gamba (ovviamente se il colpo non lacerava arterie importanti). I colpi che avevano provocato la perforazione degli intestini, con una fuoriuscita della materia dalla cavità addominale, erano senz'altro fatali, data l'inevitabilità della peritonite. Le ferite con penetrazione della cavità toracica avevano l'inevitabile effetto di introdurre nelle carni frammenti di tessuti o, addirittura, di metallo se l'armatura era perforata. Questo fatto avrebbe provocato una sepsi. Solo l'impatto con le ossa maggiori del corpo umano (ossa del cranio, femore) lascia archeologicamente una traccia visibile, solitamente un foro recante la forma della freccia andata a segno[247].

Se Visby presentava gli effetti del combattimento vero e proprio, gli scavi di Towton ha consentito di comprendere gli effetti di una rotta, avvenuta, in questo caso, al termine della battaglia di Towton, combattuta il 26 marzo 1461[248]. Nel 1996, durante gli scavi per la costruzione del Municipio di Towton, nello Yorkshire, furono rinvenuti, in una fossa comune, 37 scheletri. Solo 11 di questi furono indagati stratigraficamente, in quanto solo dopo la rimozione di ben 26 salme si decise di chiamare una équipe di archeologi dell'Università di Bredfort. La fossa, orientata da est a ovest, lunga 6 metri, larga 2 e profonda 0,65 metri, era dotata di una rampa interna per favorire lo scivolamento dei cadaveri verso il fondo dello scavo, che venivano così, durante le fasi di sepoltura, ad ammonticchiarsi l'uno sull'altro. Rocce di piccole e medie dimensioni, argilla e pietrisco servirono a ricoprire questi cadaveri, 37 dei 20.000 che si pensa siano ancora sepolti sul campo di battaglia (che interessò un'area di 48 chilometri quadri). La fossa fu scavata in un'area marginale del campo di battaglia, lungo la strada percorsa dall'esercito dei Lancaster volto in fuga. Gli uomini uccisi erano in rotta o, forse, erano in una fase di riposo (nessuno sembra portasse l'elmo) e furono sorpresi mentre, esausti, si stavano liberando parzialmente dal peso delle proprie armi difensive. Li raggiunsero alle spalle. L'abbondanza di traumi al capo va dal taglio di daghe e piccole spade sino a vaste fratture depressive e perforazione del cranio. Oltre al colpo mortale furono inflitte ferite mutilanti, quali il taglio del naso e delle orecchie. Uno degli inumati presentava non meno di tredici ferite differenti.

Due o tre fori triangolari, segni di profonde ferite risultanti di colpi ad effetto perforante ottenuti tramite una daga, sono stati sferrati raggruppati in un'unica area alla base del cranio onde ottenere la massima letalità. Sono stati notati anche colpi taglienti incrociati e, come il caso precedente, sferrati alla base del cranio secondo una metodologia calcolata e mortale. Uno dei malcapitati

---

[247] Sulle possibili ferite che un soldato può ricevere in combattimento KEEGAN-HOLMES 1985, pp. 141-162.
[248] Sullo scavo della fossa comune di Towton; FIORATO-BOYLSTON-KNUSEL 2000. Per una interpretazione dello scavo associata alle fonti storiche e alle vicende dello scontro vedi BOARDMAN 1998, pp. 181-194.

incrociò le braccia per proteggersi, al solo effetto pratico di vedersele tranciate da un fendente. Uno dei soldati uccisi era un veterano, ed era sopravvissuto ad una precedente terribile ferita: molto tempo prima dello scontro durante il quale perse la vita, un colpo di spada, o ascia, li spaccò la mandibola, dalla giuntura col cranio sino alla bocca. Il chirurgo che lo curò fu capace di cauterizzare, ricucire e curare la gravissima ferita. Il soldato, come il sovraosso che si formò indica, si salvò al prezzo di una immensa deformità facciale.

Il confronto tra gli scavi di Visby e Towton permette di comprendere come durante le fasi più intense della battaglia, quando i contendenti ancora lottavano per decidere l'esito del combattimento, ci fosse un'economia di forze per eliminare l'avversario, secondo l'equazione di un caduto per ogni colpo sferrato. A Towton quello che lo scavo archeologico ci ha restituito è la scena di un massacro deliberato, che ci spiega cosa avveniva durante le rotte.

A causa dell'euforia, della rabbia, della violenza che animava i vincitori sopravvissuti alla precedente mischia, sensazioni amplificate dalla presa di coscienza della fine della situazione di imminente pericolo, si verificavano stragi quali quella di Towton[249]. Come i resti archeologici hanno evidenziato la tragicità di qui momenti, così, di rimando, anche le fonti scritte ci informano che *ipsi sagittis et lanceis sunt occisi et ut bruta animalia macellati*[250]. Uomini uccisi *avide quasi canes*[251].

---

[249] Sulla psiche del soldato in battaglia MARSHALL 1947.
[250] ROLANDINUS PATAVINUS, p. 113 (1256): *Sarraceni autem duodecim locum defendentes sagittis, et ipsi sagittis et lanceis sunt occisi et ut bruta animalia macellati*. L'accanimento sui cadaveri non fu un fenomeno limitato al medioevo. Ad esempio, le fonti archeologiche ci dimostrano che i legionari romani del I secolo d.C. non si comportarono molto diversamente dai guelfi italiani del XIII secolo nei confronti dei difensori del villaggio fortificato di Maiden nel sud dell'Inghilterra: uno degli scheletri rinvenuti rivelò che lo sventurato essere, dopo essere stato decapitato, fu colpito non meno di nove volte consecutive. WHEELER, 1943, p. 352.
[251] ROLANDINUS PATAVINUS, p. 85 (1248): *Theotonicos transforantes, Apulos demembrantes, indulgentes Lombardis aliquibus, truncantes Saracenos in frusta eosdemque mactantes avide quasi canes.*

Fig. 21. *Corpi dopo la battaglia. Chroniques de Hainault,* Ms. 9242, f.20, Bibliothèque Royale, Brussels. Terminata la battaglia era prassi comune saccheggiare e spogliare i caduti, mentre i colpi delle armi medievievali, con teste e arti tagliati di netto, lasciavano una lugubre e macabra testimonianza delle loro capacità offensive. Stormi di corvi sarebbero presto arrivati. I corpi dei Dolciniani uccisi alla Battaglia di Stavello del 23 marzo 1307 furono per la maggior parte bruciati e in parte gettati nella forra del rio Carnasco.

Fig. 22. *San Luigi aiuta a seppellire i crociati caduti dopo la loro sconfitta a Mansura. Livre de faits de Monseigneur Saint Louis,* Ms. Fr. 2829, f.49v, Bibliothèque Nationale, Paris, 1480 circa. Il fetore del campo di battaglia si levava ben presto, specie col clima caldo. I prelati che accompagnano il santo si turano il naso, mentre un altro è svenuto. Il modo con cui i cadaveri mutilati sono accatastati in grandi sacchi prima del loro seppellimento è raramente raffigurato con un tale brutale realismo.

Fig. 24. Monte Massaro, 1905 circa. Operai biellesi in posa per una foto ricordo durante la costruzione dell'obelisco commemorativo di Fra Dolcino. Ironicamente l'obelisco fu eretto nelle retrovie di una delle più importanti bastite vescovili, dal momento che sulla sommità del Rubello, sito storicamente fortificato da Dolcino, era già stato eretto il Santuario di San Bernardo. Questo "scambio" ideale di luoghi portò in seguito ad una confusione di luoghi e toponimi, tanto che ancora oggi sulle carte dell'Istituto Geografico Militare il Massaro è segnalato come monte Rubello, mentre quest'ultimo risulta nominato semplicemente S. Bernardo. Dimostrazione di come occorre sempre verificare la collocazione dei monumenti che ricordano battaglie e scontri, specie se riferiti al medioevo! L'obelisco, abbattuto negli anni venti del XX secolo, fu circa cinquant'anni dopo sostituito da una stele, ancora oggi visibile.

CAPITOLO 4

Indagine archeologica di un campo di battaglia

Indagare la superficie di un campo di battaglia appare a prima vista quanto mai difficile e complicato. Le porzioni di territorio interessate dalle fasi della battaglia che abbiano sinora analizzato – scontri con armi da lancio, carica, mischia, rotta – interessano aree molto più vaste di quello che si è portati a credere, specie poi se si tratta di scontri "a bassa intensità".

La stratigrafia prodotta da un'azione antropica quale uno scontro armato è concentrata in poche aree circoscritte, come possono essere fortificazioni campali e fosse comuni.

Occorre pertanto condurre una ricerca archeologica ben programmata.

Obbiettivi della ricerca e mezzi

I cronisti che narrano dati eventi non sono stati, spesso, testimoni diretti dei combattimenti e la loro narrazione lascia dei vuoti, spesso colmati con notizie tutte da verificare[252]. Importanti aspetti della vita dei soldati del periodo possono essere svelati, attraverso l'analisi dei loro eventuali resti ossei o dai loro accampamenti.

Le ricognizioni sul campo e le prospezioni devono seguire un'attenta lettura delle fonti storiche in nostro possesso.

Occorre verificare sul campo la situazione geologica del terreno sul quale avvennero i combattimenti: in base ad esso ci troveremo di fronte a particolari manufatti.

Importante è, in questa fase preliminare della ricerca, lo studio dei toponimi, spesso legati ai fatti d'arme che le fonti in nostro possesso indicano essere avvenuti nelle vicinanze. Si possono indicare, tra gli altri, Monteberci (monte degli urli, nei pressi del campo di Montaperti)[253], Campovittoria (presso l'antico sito della battaglia di Tagliacozzo del 1267)[254], Valle dell'Inferno (intaglio collinare nei pressi di Felizzano, AL, luogo di almeno due importanti scontri nel XIII secolo tra i comuni di Alessandria e Asti)[255], Carnasco (il "Carnaio", nome di un torrente nei pressi del campo di battaglia del Monte Rubello)[256] e Prato dei Morti (probabile sito delle fosse comuni che raccolsero i caduti della battaglia di Zappolino, BO)[257].

---

[252] Si veda ad esempio l'*Historia Fratris Dulcini Hresiarche*. L'Anonimo Sincrono, durante la narrazione dei fatti bellici connessi all'assedio del monte Rubello (1306-1307), fa continuo riferimento a un *loco Moxi*, mentre in realtà ci sono ben quattro località con questo nome: Mosso S. Maria, Capo Mosso, Croce Mosso e Valle Mosso. Il centro principale è sicuramente Mosso S. Maria, iniziale dell'esercito crociato. Ad un certo punto del racconto, HISTORIA, p. 10, 3-6, è scritto: *In ecclesia Moxi multa mala facere temptaverunt [...]Campanile tamen, quod erat pulcherrimum, destruxerunt*. Invece il campanile di Mosso S. Maria è ancora in piedi, unico esemplare nei dintorni anteriore al 1306!
[253] Sul toponimo di Monteberci MARCHIONNI 1992, pp. 31-36.
[254] GRAVETT 1997, pp. 39-40.
[255] SISTO 1990, p. 127.
[256] *Dolcino e il lungo* 1997, pp. V-IX.
[257] LENZI 2001, pp. 15-29.

Tre differenti tipologie di prospezioni si rivelano necessarie per l'indagine che ci proponiamo;

- Fotografia area zenitale. Le immagini ottenute l'utilizzo di un aereo o di un piccolo pallone sonda si rivelano essere estremamente importanti per l'individuazione di fortificazioni campali e fosse comuni;

- Prospezioni geofisiche;

- Prospezioni elettromagnetiche.

Le prime due attività permettono di individuare fosse o buche riempite. La terza, invece, serve ad accertare l'eventuale presenza di concentrazioni di oggetti metallici seppelliti nel sottosuolo. Questi possono indicare la presenza sia di un'area sepolcrale, sia il fulcro della zona dei combattimenti, la già citata "zona di uccisione". La maggior parte dei cosiddetti "relitti della guerra" è composta da munizioni a perdere, delle quali verrettoni e generiche punte di freccia sono la maggiore componente. Individuare, identificare e collocare correttamente i reperti su una precisa carta della zona degli scontri consente di ricostruire con una discreta la disposizione degli schieramenti ed eventuali fasi della battaglia[258].

Gli obbiettivi principali che le tutte le attività sopra citate individuare sono:

- Fosse comuni;

- Fortificazioni campali;

- Monumenti sul campo di battaglia.

Fosse comuni

Sono queste ritrovamenti estremamente rari, in quanto i campi di battaglia erano, dopo un certo periodo di tempo, bonificati e le fosse comuni individuate smantellate[259]. Questa pratica è durata sino al XIX secolo, sia che si trattasse di battaglie recenti che di scontri più antichi[260]. Pertanto possiamo facilmente comprendere le ragioni per le quali a tutt'oggi solamente due sepolture di massa di soldati caduti in battaglie medievali siano state indagate archeologicamente, e solo una di queste stratigraficamente. Altre ragioni per la loro "rarità" può essere imputata alle seguenti ragioni:

- Allargamento dei centri abitati: semplici villaggi posti ai margini dell'area dove si svolsero i combattimenti si sono espansi sino a inglobare la totalità del campo di battaglia e distruggendo, in tal modo, i relativi cimiteri[261];

---

[258] Posizionare su una carta topografica a scala ridotta le munizione lanciate, sebbene possa sembrare quanto mai aleatorio, è risultato essere una metodologia quanto mai efficace per la ricostruzione delle vicende interne ad uno scontro campale. Si può obbiettare che la dispersione dei proietti sia tale da impedire qualsivoglia interpretazione; invece ricerche su campi di battaglia moderni, dove furono utilizzati armi da fuoco in grado di sparare proiettili a bossolo metallico, quindi quanto di più dispersivo possa esserci, hanno dimostrato esattamente il contrario. Posizionando ogni singolo reperto su carte topografiche l'archeologo statunitense Richard Allan Fox fu in grado, tra il 1984 ed il 1985, di formulare un'analisi del tutto nuova, che diede inizio ad un dibattito tra storici e archeologi tutt'altro che concluso, di uno dei fatti d'arme più famosi del mondo, il combattimento del Little Big Horn. FOX 1989; FOX 1993.

[259] A meno che si trattasse di località esternamente remote od isolate, quali località di montagna. Un esempio documentato della distruzione di fosse comuni è quello di Zappolino in provincia di Bologna. Le sepolture, rinvenute nel 1915 durante lavori agricoli, furono completamente rimosse. LENZI 2001, p. 19.

[260] Può sembrare strano ma non esiste più alcuna sepoltura neppure sui campi di battaglia del XIX secolo. Divenne pratica comune bonificare i campi, destinati comunque ad essere sfruttati a scopi agricoli, entro i vent'anni che seguivano gli scontri. Pertanto non sono a noi giunte sepolture di battaglie napoleoniche o risorgimentali. VIVIANI 1996, p. 232.

[261] Per il medioevo, e per il XIII secolo in particolare, basterà citare il caso di Benevento: la città si è espansa a tal punto da occupare interamente l'ansa del fiume Calore ove avvenne la battaglia. Non solo sono da tempo andate distrutte le tombe dei caduti, ma è

- Ridotta profondità dello scavo delle fosse per le inumazioni. Le indagini di Towton sembrano evidenziare una relativa poco profondità di tali scavi. E' comprensibile che, dovendo intraprendere un'operazione di seppellimento di centinaia di cadaveri, si sia cercato il più possibile di risparmiare tempo e fatica. La superficialità di queste sepolture è risultata, il più delle volte, deleteria per la conservazione del record archeologico, specie a causa di lavori agricoli[262].

I corpi, terminata la lotta intorno a loro, non erano trasportati lontano dal luogo dove erano caduti. Le fosse, pertanto, erano scavate accanto a loro. Un simile ritrovamento identifica già da solo una delle zone nella quale infuriò la battaglia, od una fase di essa.

I cadaveri devono essere scavati con la massima accuratezza, onde individuare esattamente a quale inumato appartengono le singole ossa; ognuna di queste potrebbe essere interessata dai segni dell'arma che lo ha ucciso.

L'analisi degli scheletri forniscono una notevole quantità di dati:

- Ferite riportate. Ci indicano quali armi difensive il caduto indossava (se è stato colpito alle gambe possiamo ragionevolmente ipotizzare che il torso, ed il capo, erano in qualche modo protetti). Inoltre le ossa, se sono state colpite, permettano di comprendere quale tipologia di arma è stata utilizzata per sferrare il colpo e se sono state tentate delle medicazioni.

- Vita del militare. L'analisi delle ossa è in grado di fornire dati sull'età del combattente, la dieta, se aveva subito ferite precedenti alla morte (e comprendere quindi se era un veterano), e la costituzione fisica. Questo può essere utile per comprendere a quale allenamento il soldato si sottoponeva[263], se faceva altri mestieri oltre quello della guerra[264].

Non solo i resti ossei, ma anche la fossa in sé deve essere studiata con attenzione per comprendere come lavoravano le squadre di seppellimento. Tra i vari momenti che devono ancora essere analizzati possiamo ricordare:

- Operazioni di scavo e seppellimento. Occorre verificare con quali procedure venivano realizzate le fosse, in base a quale fattore era determinata la profondità dello scavo, l'orientamento. Comprendere se la fossa comune era posta in prossimità del punto focale degli scontri o i cadaveri erano raccolti da vari luoghi anche distanti tra loro[265];

---

andato perduto l'originario ponte attraversato dall'armata ghibellina. I pochi resti sulla sponda del fiume si prestano a dubbie interpretazioni (ponte medievale? Resti di acquedotto romano?). BENCARDINO 1991; DE SIMONE 1932. Per citare esempi più recenti, è emblematico lo sviluppo urbanistico della città di Torino, che si è espansa a tal punto da interessare direttamente i terreni su quali si svolse la celebre battaglia del 1706, già urbanizzati all'inizio del XX secolo, nonché quelli della battaglia di Orbassano (1693), distanti una trentina di chilometri dalla città barocca. Le ossa rinvenute sono state ora collocate nella Chiesa della Madonna della Salute in Torino. MINOLA 1993, pp. 88, 101.

[262] Come nel caso di Zappolicchio, vedi nota 8. Le sepolture si salvano se ben in profondità, come, a quanto sembra, essere il caso della Battaglia di Ravenna (1512). Utilizzando una strategia del tutto simile a quella utilizzata a Towton dagli archeologi inglesi, e ripresa in questa lavoro, nel maggio del 2001 studiosi del Comitati Storico "Agmen Quadratum" e archeologi della Soprintendenza hanno, con buona probabilità, localizzato le sepolture dei caduti, deposti nei fossati delle fortificazioni campali erette dalla Lega Santa. CANI-STELLA 2001, pp. 20-28.

[263] Gli scheletri rinvenuti a Towton erano quelli di persone dotate di una muscolatura possente, del tutto paragonabile a quella di un moderno atleta. BOARDMAN 1998, pp. 185-186.

[264] BOARDMAN 1998, p. 186. E' possibile stabilire questo sempre tramite l'analisi dei resti ossei. Alcuni degli inumati

[265] BOARDMAN 1998, p. 184. La fossa di Towton era collocata in un'area estremamente periferica rispetto al punto focale degli scontri.

- Criteri di deposizione. Verificare se i corpi erano deposti nella fossa in maniera del tutto casuale, a strati o allineati[266];

- Attenzioni religiose. Gli inumati possono presentare un particolare orientamento del corpo e della loro sepoltura rispetto al sorgere e tramontare del sole[267];

- Metodologia della spoliazione dei cadaveri. Le squadre di seppellimento e gli "sciacalli" che percorrevano i campi di battaglia ormai silenti spogliavano i cadavere di particolari oggetti[268]. Occorre capire cosa veniva prelevato e cosa no, le ragioni di tali scelte o... rinunce[269].

Per una analisi globale delle informazioni che una indagine archeologica di questo tipo può offrire, oltre alla necessaria équipe di archeologi, si dovrebbe disporre di un antropologo in grado di discernere, con tecniche del tutto proprie alla medicina legale, le tipologie e le caratteristiche delle ferite rinvenute sul cadavere e le conseguenti modalità di morte. Sarà quindi possibile giungere alla comprensione di quale arma sia capace di procurare una data ferita o una mutilazione riscontrata sulle ossa rinvenute, come tale arma sia stata maneggiata, ecc.. E' possibile inoltre individuare, con un comprensibile margine di errore, in quale momento dello scontro il soldato perse la vita, e, come già detto, tramite quali modalità[270].

Fortificazioni campali

Gli eserciti medievali combattevano spesso appoggiandosi a fortificazioni campali[271], sia nelle situazione di "alta" che di "bassa intensità". I resti archeologici di queste possono essere individuate tramite fotografia aerea, ricognizione sul terreno o dal toponimo.
Possiamo distinguere le seguenti tipologie:

- Fortificazioni leggere o temporanee: si tratta di opere erette in un brevissimo lasso di tempo sul campo di battaglia ed erano concepite per funzionare da barriera, o schermo, per proteggere uno schieramento di soldati. Sostanzialmente si trattava di pere fortificate composte, solitamente, da bassi fossati e di pali conficcati nel terreno ed inclinati nella direzione del probabile attacco nemico. Raramente si aveva il tempo per realizzare opere più complesse. Attualmente solo un esempio di tal genere, per quel che riguarda il medioevo, è stato documentato archeologicamente[272].

-

---

[266] BOARDMAN 1998, pp. 180-181. Gli inumati di Towton erano allineati uno a fianco all'altro.
[267] BOARDMAN 1998, pp. 184-185.
[268] BOARDMAN 1998, p. 182. Per esempio, se appare chiaro che tutto ciò che aveva un certo valore era sicuramente prelevato, non sappiamo ancora quale comportamento era riservato ad indumenti e vestiti.
[269] Gli inumati di Visby, al contrario di quelli di Towton, furono tumulati in tutta fretta con le loro armature ancora indosso. THORDEMAN 1939, pp. 10-90.
[270] Possiamo inserire in questo studio anche i sepolcri di personaggi caduti sul campo di battaglia ma sepolti all'interno di chiese e luoghi di culto. Le ossa possono presentare i segni delle ferite. Personaggi notabili venivano solitamente sepolti lontano dai luoghi della battaglia, nelle chiese delle loro città o feudi. Possiamo citare, tra i tanti, Giovanni Ugurgieri e Andrea Beccari, cavalieri senesi caduti a Montaperti e sepolti all'interno del Duomo di Siena, ove ancora oggi riposano. MARCHIONNI 1992, pp.108-111. Il Vescovo Guglielmino degli Ubertini, invece, fu sepolto poco distante il campo di Campaldino dove era stato ucciso in combattimento, all'interno della chiesa di Certomondo. SEMPLICI 1999, pp. 66-69.
[271] Fortificazione campale: lavori di consistenza e durata limitata che richiedono un tempo di approntamento minimo (scavo nel terreno di vari tipi di buche ed erezione parapetti). MINOLA-RONCO 1998, pp. 40-51.
[272] Si tratta delle fortificazioni campali erette in occasione della battaglia di Aljubarrota, combattuta in Portogallo nel 1385 tra un esercito inglese ed uno franco castigliano. Materialmente sono state indagate file parallele di buche da palo disposte parallele tra loro e disposte in una linea spezzata in modo da formare un saliente rientrante. Tale posizione fu rafforzate tramite lo scavo di fossati. L'insieme delle opere ci consente di apprezzare la lunghezza dello schieramento inglese. BENNET 1994, pp. 13-15.

Durante un'indagine archeologica occorre rilevare la posizione delle buche da palo e dei fossati per poter comprendere al meglio il posizionamento e lo schieramento dell'esercito che, in quella particolare occasione, ha realizzato le fortificazioni;

- Fortificazioni semipermanenti: gli obbiettivi che uno scavo archeologico si propone riguardo a queste opere fortificate, destinate a contrastare azioni "a bassa intensità" e presidiate in taluni casi per anni, tra le quali rientrano i pochi esempi conosciuti e indagati, definiti *bastita*[273] e *vallum*[274], sono i seguenti: analisi della quantità e della qualità della guarnigione, armamenti e loro applicazioni tattiche, logistica, tecniche costruttive. Inoltre è necessario comprendere come ogni singola fortificazione agiva in un più complesso disegno strategico per il controllo del territorio e della viabilità medievale.

Monumenti sul campo di battaglia

I vincitori di uno scontro armato celebravano sempre la propria vittoria. Oltre agli immancabili "monumenti letterari" dedicati alle vittorie[275], talvolta era eretto sul campo di battaglia un monumento in solida pietra e mattone, a ricordare al viandante chi e quando in quei luoghi aveva avuto il sopravvento. In taluni casi queste interessanti strutture esistono ancora oggi: tutti i luoghi del biellese che sono stati testimoni di fatti d'arme inerenti alla crociata antidolcinana del 1306-1307 furono interessati, negli anni seguenti alla fine delle operazioni militari, dall'erezione di cappelle o santuari quasi a esorcizzare ogni ricordo del *perfidus heresiarcha* ed enfatizzare l'azione dei contingenti crociati[276]. Carlo d'Anjou, per celebrare una vittoria ottenuta in extremis, volle realizzare nel 1278 sul campo di Tagliacozzo il Santuario di Nostra Signora della Vittoria[277]. Ugualmente i Parmensi realizzarono, a celebrazione della loro vittoria su Federico II, il Santuario della Crocetta, sul crocevia delle strade che recavano a Milano e Piacenza[278]. Monumenti e luoghi di culto del tutto simili furono eretti anche su altri campi, oggi non più visibili dal momento che sono stati distrutti e dimenticati. La loro identificazione ed analisi archeologica pone interessanti sviluppi di ricerca:

- Analizzare il posizionamento del monumento (funerario o semplicemente celebrativo?) rispetto al campo di battaglia e la posizione delle (eventuali) fosse comuni. Facendo attenzione sulla situazione delle vie di transito in uso al momento dell'erezione della struttura, occorre comprendere se fosse più vicino alle sepolture o agli assi viari di comunicazione, chiarendo così implicitamente le proprie funzioni;

---

[273] La bastita era costruita e concepita per funzionare come un vero e proprio castello. I suoi scopi principali erano quelli di controllare il territorio e dare appoggio ad unità militari in spostamento, facendo "sistema" con analoghe realizzazioni. Solo in particolari casi, come durante gli assedi, divenivano delle vere e proprie postazioni da combattimento. BENENTE- BALDASSARRI-GARIBALDI-MARRA-PANETTA-PIOMBO 2000, pp. 161-169; CERINO BADONE 1998, pp. 9-20; COULET 1980, pp. 55-72; GRAVETT 1990, pp. 21-26.

[274] Con questo termine si indicava non un singolo fortilizio o bastita, ma i una vera e propria linea fortificata, eretta allo scopo di tenere lontano dai propri territori bande di berrovieri e routiers. L'esempio più interessante, oltre che l'unico sino ad ora studiato e pubblicato, è dato dal cosiddetto Vallo della Muzza. Il torrente Muzza segnava, a partire dal 1204, il confine tra il territorio del Comune di Modena con quello di Bologna. Per tutto il XIII secolo i bolognesi decisero di presidiare la linea di confine, onde prevenire azioni "a bassa intensità" da parte dei modenesi, erigendo dai rilievi appenninici sino alla via Emilia, un apparato difensivo senza soluzione di continuità per una lunghezza stimata di 6 km. e dotato di palizzate, argini e ridotti fortificati posizionati nei settori nevralgici. LENZI 2001, pp. 27-29.

[275] Si pensi solamente a quel vero e proprio monumento cartaceo dell'*Historia Fratris Dulcini* inneggiante la figura del Vescova Raniero Avogadro che riuscì a debellare la setta degli Apostoloci al termine di una azione militare a "bassa intensità" durata per più di un anno.

[276] DELMASTRO 1996, pp. 161-164.

[277] OMAN 1924, p. 515.

[278] GRAVETT 1997, p. 37.

- Stabilire, se esisteva un luogo di culto, quali funzioni religiose venivano officiate, quale era la frequentazione da parte dei fedeli, per quanto tempo e se le strutture furono abbandonate, o abbattute, con quali modalità e tempi.

Archeologia delle armi

Studiare le armi medievali rimane una disciplina necessaria per capire lo sviluppo di una azione, le scelte tattiche operate, le qualità combattive delle truppe e l'entità delle ferite che queste potevano subire, o effettivamente subivano. Un esempio concreto può essere quello dalle munizioni da balestra che si rinvengono all'interno di una fortificazione. Una loro analisi superficiale può, da sola, fornire informazioni quanto mai interessanti quali, ad esempio, le dimensioni e la tipologia dell'arma in grado di scagliare i proiettili rinvenuti (balestra da due piedi, balestra da un piede). Da questi dati è possibile risalire alle capacità di tiro e gittata della balestra e comprendere la scelta di alcuni criteri e necessità tattiche che hanno ispirato i costruttori del fortificazione indagata, o un dato schieramento su di un campo di battaglia. Lo studio delle qualità, dell'efficacia, dei metodi costruttivi e di utilizzo delle armi permette di comprendere, o almeno tentare una interpretazione il più plausibile possibile, la ragione di certi ritrovamenti. Nuovamente prendendo ad esempio un'arma da lancio come la balestra, studiando le modalità di assemblaggio, costruzione, funzionamento e prestazioni ci consente di:

- identificare correttamente gli eventuali resti di parti della suddetta arma, le eventuali munizioni e confrontare la datazione suggerita da questi resti con quella dei reperti ceramici;

- il ritrovamento di munizioni, dopo essere stati correttamente identificati ed attribuiti al modello di balestra in grado di lanciarli, dovrebbero essere posti in stretta relazione con le postazioni nelle quali sono stati ritrovati. Questa osservazione permette di individuare l'area che veniva coperta dal tiro difensivo. Se punte di freccia simili alle precedenti sono rinvenute anche all'esterno, possiamo ragionevolmente supporre che siano state lanciate. Avremmo, pertanto, una testimonianza delle capacità di lancio delle balestre, nonché l'eventuale posizione di un bersaglio. Viceversa, è possibile applicare un simile ragionamento con proiettili lanciati dall'esterno verso l'interno di una fortificazione o di uno schieramento. Questi record archeologici consentono i individuare la zona dalla quale sono stati scagliate le frecce.

Queste informazioni, ottenibili tramite un'analisi degli armamenti ritrovati, è applicabile non solo alle armi da lancio quali le balestre, ma anche ad altre armi offensive e difensive, troppo spesse relegate a studi di oggettistica o "militaria", studiati in quanto oggetti e completamente estrapolati dal loro contesto originario. Se i cultori di armamenti non sono troppo spesso in grado di mettere in relazione lo spazio con gli oggetti dei quali stanno trattano, anche gli archeologi non sono esenti da gravi lacune. La mancanza di una corretta conoscenza della storia militare e degli oggetti ad uso guerresco porta, drammaticamente, ad una perdita di una mole di informazioni di notevole importanza, sia archeologica che storica[279].

---

[279] Il significato, la metodologia e gli obbiettivi di una "archeologia militare" sono mirabilmente espressi in FOX 1993 pp. 3-13. Purtroppo la mancanza di una conoscenza, anche minima, degli armamenti medievali, e dell'importanza intrinseca del loro studio ha consentito, in tempi non sospetti, la istruzione, o quanto meno la perdita di informazioni da scavi di contesti chiusi quale l'indagine condotta all'interno della chiesa di Santa Reparata a Firenze. Le decine di armi rinvenute, da questo punto di vista uno dei più fortunati ritrovamenti italiani di tutti i tempi, meritavano di certo uno studio molto più approfondito di quanto hanno avuto. Non si è potuto appurare la tipologia, capire se si trattasse di strumenti da utilizzare in battaglia o meri ornamenti da parata. Ogni sepoltura era datata; si sarebbe potuto determinare *all'anno* ogni tipologia di armamento presente nella toscana del XIII e XIV secolo. BUERGER 1975, pp. 191-208. Ben poco è aggiunto in BOCCIA 1977, pp. 276-280.

BIBLIOGRAFIA

Fonti;

ACTA SANCTI OFFICII BONONIE, in *R.I.S.*, IX, 5, a c. di P. SEGARIZZI, Città di Castello 1907,

ANONIMO SINCRONO, *Historia Fratri Dulcini heresiarche*, in *Rerum Italicarum Scriptores*, IX, 5, a c. di P. SEGARIZZI, Città di Castello 1907.

BERNARDO GUI, *De secta illorum qui se dicent esse de ordine Apostolorum*, in *R.I.S.*, IX, 5, a c. di P. SEGARIZZI, Città di Castello 1907.

BENVENUTI RAMBALDIS DE IMOLA *Comentum super Dantis Aldighierij Comoediam*, ed. LACAITA, Florentiae 1887, vol. II.

BORELLO 1933; L. BORELLO, *Le carte dell'Archivio Comunale di Biella fino al 1379*, in "Biblioteca soc. stor. Subalpina", n. 136, 1933.

Codex diplomaticus Cremonae, in *Historiae Patriae Monumenta edita issu Regis Caroli Alberti*, serie II, vol. XXII.

Commento alla Divina commedia d'Anonimo fiorentino del secolo XIV, ediz. Fanfani, Bologna, Vol. I, Bologna 1866.

Biblioteca Berio, Genova, *Foliatium notariorum*, vol. III, parte II.

GIOVANNI VILLANI, *Cronica*, Vol. III, Firenze 1823.

GUIDO DA PISA, *Chiose sulla Divina Commedia*, in *Rerum Italicarum Scriptores, IX*, a c. di P. SEGARIZZI, Città di Castello 1907, p. VIII, n. 4.

Ragguaglio delle cose fatte dopo la distrusione delli Gazzari e di Dolcino nel Monte Rubello o S. Bernardo, 1782, archivio comunale, Trivero (BI).

Studi e altri fonti;

AA.VV., *Guerre ed Assoldati*, Firenze 1982.

AA.VV., *Dolcino e il lungo cammino dei fratelli apostolici*, Novara 1997.

AA.VV., *Il sabato di San Barnaba. La battaglia di Campaldino, 11 giugno 1289-1989*, Milano 1989.

AA.VV, *La Battaglia di Campaldino*, Firenze 1999.

AA.VV., *Montaperti*, Firenze 2000.

ADRIANI 1877; G. ADRIANI, *Statuti del comune di Vercelli dell'anno 1241 aggiuntivi agli altri monumenti storici dal 1243 al 1335,* Torino 1877.

ALM 1994; J. ALM, *A Survey by Josef Alm*, Leeds 1994.

ARTIFONI 1985; E. ARTIFONI, *I ribaldi. Immagini e istituzioni della marginalità nel tardo medioevo piemontese,* in *Piemonte medievale. Forme del potere e della società. Studi per Giovanni Tabacco,* Torino 1985, pp. 244-248.

BENCARDINO 1991; F. BENCARDINO, *Benevento: funzioni urbane e trasformazioni territoriali tra XI e XX secolo,* Napoli 1991.

BENENTE-BALDASSARRI-GARIBALDI-MARRA-PANETTA-PIOMBO 2000; F. BENENTE, M. BALDASSARRI, T. GARIBALDI, A. MARRA, A. PANETTA, M. PIOMBO, *Gli scavi del castrum Rapallinum (Monte Castello) e del castrum Lasaniae (Monte Pegge). Controllo e difesa del crinale meridionale della Val Fontanabuona. XIII-XV secolo. Prime notizie preliminari. Analisi dei reperti,* in "Atti del II Congresso di Archeologia Medievale", a cura di G. P. BROGIOLO, Brescia 2000, pp. 161-169

BENENTE-GARBARINO 2000; *Incastellamento, Popolamento e Signoria Rurale tra Piemonte meridionale e Liguria,* testi preliminari del seminario di studi, a cura di F. BENENTE e G. B. GARBARINO, Acqui Terme 2000.

BENENTE – CERINO BADONE 2002; F. BENENTE, G. CERINO BADONE, *L'indagine archeologica delle fortificazioni anti dolciniane di Monte Tirlo (Trivero – Biella),* in "Studi e Ricerche sull'Alta Valsessera", Vol. 2°, 2002, pp. 31-32.

BENNET 1989; M. BENNET, *La Règle du Temple as a military manual, or how to deliver a cavalry charge,* in *Studies in Medieval History Presented to R. Allen Brown,* a cura di C. HARPER-BILL, Woodbridge 1989, pp. 7-19.

BENNET 1994; M. BENNET, *The Development of Battle Tactics in the Hundred Years War,* in *Arms, Armies and Fortifications in the Hundred Years War* edited by A. CURRY, M. HUGHES, Woodbridge 1994, pp. 13-15.

BISCARO 1934; G. BISCARO, *Attraverso le carte di San Giorgio in Braida di Verona. Note storiche, seconda serie,* in "Atti del Reale Istituto veneto di scienze, lettere ed arti", XCIV (1934-35), p. 642.

BOARDMAN 1998; A. BOARDMAN, *The Medieval Soldier in the Wars of the Roses,* Phoenix Mill 1998

BOCCA 1993; C. BOCCA, Il mitico assedio alla Parete Calva, in C. BOCCA, M. CENTINI, M. CREMA GIACOMASSO, M. MINOLA, Grandi battaglie in Piemonte da Annibale alla Seconda Guerra Mondiale, Cuneo 1993, pp. 47-53.

BOCCIA 1977; L. B. BOCCIA, *Un punto sugli studi di armi antiche,* in "Archeologia Medievale", IV (1977), pp. 276-280.

BRADBURY 1985; J. BRADBURY, *The Medieval Archer*, Woodbridge 1985.

BRADBURY 1992; J. BRADBURY, *The Medieval Siege*, Woodbridge 1992.

BUERGER 1975; J. E. BUERGER, *Reperti dagli scavi di S. Reparata*, in "Archeologia Medievale", II (1975), pp. 191-208.

CANI-STELLA 2001; N. CANI, G. C. STELLA, *L'Armata Perduta*, Lugo 2001.

CARDINI-SALVINI 1984; F. CARDINI, E. SALVINI, *Montaperti 1260, Guerra, Società ed Errori*, Siena 1984.

CARDINI 1985; F. CARDINI, *Quell'antica festa crudele*, Milano 1995.

CASALIS 1839; G. CASALIS, *Dizionario geografico – storico – statistico – commerciale degli Stati di S. M. il Re di Sardegna*, Vol. V, Torino 1839.

CERINO BADONE 1998; G. CERINO BADONE, *L'assedio del Monte Rubello. Descrizione di una battaglia medievale dai resti archeologici*, in "La Rivista Dolciniana", 11, gennaio-giugno 1998, pp. 9-20.

CERINO BADONE 2000, G. CERINO BADONE,, *Poenitentiagite! Eserciti e battaglie sul monte Rubello*, in *Fra Dolcino e gli Apostolici tra eresia, rivolta e roghi*, a cura di C. MORNESE e G. BURATTI, Roma 2000, pp. 95-133.

CHRISTIANSEN 1997; E. CHRISTIANSEN, *The Northern Crusades*, London 1997.

CLAUSEWITZ 1942; C. VON CLAUSEWITZ, *Della Guerra*, Roma 1942.

Il constituto del comune di Siena volgarizzato nel MCCCIX e MCCCX, Siena 1903.

COULET 1980; N. COULET, *La bastide provencal au bas moyen-age. Contribution à une histoire de l'habitat rural dispersè en Provence*, in "Archeologia Medievale", VII (1980), pp. 55-72.

DAVIDSOHN 1968-1970; R. DAVIDSOHN, *Storia di Firenze*, Vol. VII, Firenze 1968-1970, pp. 171-174.
R. DAVIDSOHN, *Storia di Firenze*, vol. IV, Firenze 1977.

P. DELMASTRO, *Le roccaforti crociate alle luce degli scavi del 1991/1992*, in AA.VV., *Dolcino ed il lungo cammino dei Fratelli Apostolici*, Novara 1996, pp. 161-164.

DE SIMONE 1932; E. DE SIMONE, *I ruderi della Murella sulle sponde del Calore in Benevento*, Messina 1932.

DEVRIES 1996; K. DEVRIES, *Infantry Warfare in the early fourteenth century*, Woodbridge 1996.

DINO COMPAGNI; DINO COMPAGNI, *Cronica delle cose occorrenti né tempi suoi*, a cura di G. LUZZATO, II, Torino 1968.

DU PICQ 1914; A. DU PICQ, *L'Etude sur le combat*, Paris 1914.

FIORATO-BOYLSTON-KNUSEL 2000; V, FIORATO, A. BOYLSTON, C. KNUSEL, *Blood Red Roses: the archeology of a mass grave from the Battle of Towton A.D. 1461*, Oxford 2000.

FOX 1987; R. A. FOX, *Archeological Insights into the Custer Battle: An Assesment of the 1984 Field Season*, Noman 1987.

FOX 1989; R. A. FOX, *Archeological Perspectives on the Battle of the Little Big Horn*, Norman 1989.

FOX 1993; R. A. FOX, , *Archeology, History, and Custer's Last Battle*, Norman, 1993.

G. FLORIO, *Di una salita sul monte del San Bernardo e dei superstiti avanzi delle fortificazioni dei Gazari e della Lega Cattolica sui monti biellesi erette*, in *Rerum Italicarum Scriptores*, IX, 5, a c. di P. SEGARIZZI, Città di Castello 1907.

FULLER 1965; J. F. C. FULLER, *Julius Caesar: Men, Soldier and Tyrant*, London 1965.

a) F. GABOTTO, *Biella e i vescovi di Vercelli*, in *Archivio storico italiano*, serie V, vol. XVIII, 1896.

b) F. GABOTTO, *Estratti dai "conti" dell'archivio camerale di Torino relativi ad Ivrea*, in *Eporediensia*, pp. 1-251.

GIOVANNACCI AMODEO 1988; G. GIOVANNACCI AMODEO, *Nuova guida di Biella e del biellese*, Biella 1988.

GIULIANI 1999; M. GIULIANI, *La Battaglia di Campaldino 11 giugno 1289*, Firenze 1999.

GLORIA 1873; *Statuti del comune di Padova dal secolo XII all'anno 1285*, a cura di A. GLORIA, Padova 1873.

GOLDSWORTHY 1998; A. K. GOLDSWORTHY, *The Roman Army at War*, Oxford 1998

GRAVETT 1990; C. GRAVETT, *Medieval Siege Warfare*, London 1990.

GRAVETT 1997; GRAVETT, *German Medieval Armies 1000-1300*, London 1997.

GREENER 1972; W. W. GREENER, *The gun and its development*, London 1972.

GUASCO 1911; F. GUASCO, *Dizionario feudale degli antichi stati sardi e della Lombardia (dall'epoca carolingia ai nostri tempi)*, IV, 57, in "Biblioteca soc. stor. Subalpina".

GUERZONI-BUOSI 2000; A. GUERZONI, R. BUOSI, *Adla Magione del Tau: vestire nel medioevo*, Udine 2000.

GUILLAUME DE PUYLAURENS; GUILLAUME DE PUYLAURENS, *Cronique sur la guerre des albigeoise*, traduzione francese a cura di C. LAGARDE, Paris 1864.

HAYTHORNTHWAITE 1994; P. HAYTHORNTHWAITE, *The English Civil War*, London 1994.

HANSON 1989; V. C. HANSON, *L'Arte occidentale della Guerra*, Milano 1989.

HYLAND 1994; A. HYLAND, *The Medieval Warhorse,* London 1994.

HOOPER-BENNET 1996; N. HOOPER, M. BENNET, *Illustrated Atlas of Warfare in the Middle Ages 768-1487,* Cambridge 1996.

HUGHES 1997; B. P. HUGHES, *Firepower,* Staplehurst 1997.

KEEGAN-HOLMES 1985; J. KEEGAN, R. HOLMES, *Soldiers,* Verona 1985.

KEEGAN 2001; J. KEEGAN, *Il Volto della Battaglia,* Milano 2001.

KNOWLES 1983; C. KNOWLES, *Les Enseignements de Théodore Paléologue,* London 1983.

LAMBERTICO 1886; F. LAMBERTICO, *Statuti del comune di Vicenza. MCCLXIV,* Venezia 1886.

LENZI 2001; V. LENZI, *La battaglia di Zappolino e la Secchia Rapita,* Modena 2001.

Liber de laudibus civitatis Ticiniensis, in Rerum Italicarum Scriptores, XI, 1, a cura di R. MAIOCCHI e F. QUINTAVALLE, Città di Castello 1903.

LIBERALI 1951; G. LIBERALI, *gli statuti del comune di Treviso,* II, *Statuti degli anni 1231-1233, 1260-1263,* Venezia 1951.

LIDDELL HART 1987; B. LIDDELL HART, *Scipione Africano,* Milano 1987.

LIEBEL 1998; J. LIEBEL, *Springalds and Great Crossbows,* Leeds 1998.

LUTTWAK 1981; E. N. LUTTWAK, *La Grande Strategia dell'Impero Romano,* Milano 1981.

N. MACHIAVELLI, *Dell'arte della della guerra,* Roma 1937.

MARCHIONNI 1922; R. MARCHIONNI, *I Senesi a Montaperti,* Siena 1992.

MARSHALL 1947; L. A. MARSHALL, *Men against Fire,* New York 1947.

MASINI-ROTASSO 1987; S. MASINI, G. R. ROTASSO, *Armi da Fuoco,* Milano 1987.

MERENDONI 1999; A. MERENDONI, *L'arma e il cavaliere,* Rimini 1999.

MINOLA 1993; M. MINOLA, *Il Catinat vince alla Marsaglia*; ID., *Torino 1706,* in C. BOCCA, M. CENTINI, M. CREMA GIACOMASSO, M. MINOLA, Grandi battaglie in Piemonte da Annibale alla Seconda Guerra Mondiale, Cuneo 1993, pp. 47-53.

MINOLA-RONCO 1998; M. MINOLA, B. RONCO, *Fortificazioni nell'arco alpino,* Ivrea 1998.

MORRIS 1996; J. E. MORRIS, *The Welsh Wars of Edward I,* Oxford 1996.

NEWARK 1991; T. NEWARK, *I Guerrieri Celti,* La Spezia 1991.

NICOLLE 1995; D. NICOLLE, *Medieval Warfare Source Book*, Vol. I, London 1995.

NICOLLE 1996a; NICOLLE, *Knight of Outremer 1184 – 1344*, London 1996.

NICOLLE 1996b; D. NICOLLE, *Italian Medieval Armies 1300-1500*, London 1996.

NICOLLE 1999; D. NICOLLE, *Italian Militiaman 1260-1392*, London 1999.

NIESE 1905; H. NIESE, *Zur Geschichte der deutschen Soldrittertum in Italien*, in "Quellen und Forschungen aus italienische Archivien und Bibliothek", VIII (1905), 217-248.

OLDENBOURG 1990; Z. OLDENBOURG, *L'assedio di Montségur*, Milano 1990.

OMAN 1924; C. OMAN, *The Art of War in the Middle Ages 378-1278*, I, London 1924.

ORDANO 1972; R. ORDANO, *Dolcino*, in Bollettino Storico Vercellese, 1, 1972, pp. 26-27.

ORIOLI 1988; R. ORIOLI, *Venit Perfidus Heresiarcha*, Roma 1988.

PALADILHE 1969; D. PALADILHE, *Le Grandes Heures Cathares*, Évreux 1969

PANERO 1988; F. PANERO, *Comuni e borghi franchi nel Piemonte medievale*, Bologna 1988.

PANTÓ 1994; G. PANTÒ, *Materiali metallici provenienti dall'accampamento di Fra Dolcino sul monte Rubello*, in *Opere restaurate*, a c. di G. PANTÒ e P. ASTRUA, Biella 1994, pp. 7-16.

PAOLINI 1979; PAOLINI, *Le origini della "Societas Crucis"*, in Rivista di storia e letteratura religiosa, 1979, pp. 173-229.

PARISIUS DE CERETA, *Annales Veronenses*, in Monumenta Germaniae Historica, Scriptores, XIX, Hannoverae 1866.

PEDDIE 1997; J. PEDDIE, *The Roman War Machine*, London 1997.

PIERI 1953; P. PIERI, *I Saraceni di Lucera nella storia militare medievale*, in "Archivio Storico Pugliese", VI (1953).

PIERI 1960; P. PIERI, *Federico II di Svevia e la guerra del suo tempo*, in "Archivio Storico Pugliese", XIII (1960).

ROLANDINUS PATAVINUS; ROLANDINUS PATAVINUS, *Cronica in factis et circa facta Marchie Trivixane*, in Rerum Italicarum Scriptores, VIII, 1, a cura di A. BONARDI, Città di Castello 1905.

SANDRI 1940; G. SANDRI, *Gli statuti veronesi del 1276 colle correzioni e le aggiunte fino al 1323*, I, Venezia 1940.

SEMPLICI 1999; R. SEMPLICI, *Gli Echi della Battaglia di Campaldino*, in AA.VV., *La Battaglia di Campaldino a Poppi*, Firenze 1999, pp. 66-69.

SETTIA 1989; A. A. SETTIA, *I Milanesi in guerra. Organizzazione militare e tecniche di combattimento,* in "Atti dell'11° congresso internazionale di studi sull'alto medioevo", I, Spoleto 1989, p. 282.

SETTIA 1993, A. A. SETTIA, *Comuni in guerra. Armi ed eserciti nell'Italia delle città,* Bologna 1993

SETTIA 2002; A.A. SETTIA, *Rapine, assedi, battaglia. La guerra nel Medioevo.* Roma 2002.

SUMPTION 1978; J. SUMPTION, *The Albigesian Crusade,* London 1978.

THORDEMAN 1939; B. THORDEMAN, *Armour from the Battle of Wisby, 1361,* Stockholm 1939.

VERBRUGGEN 1997; J. F. VERBRUGGEN, *The Art of Warfare in Western Europe during the Middle Ages,* Woodbridge 1997.

VERCI 1786; G. B. VERCI, *Storia della marca trevigiana e veronese,* II, Venezia 1786.

VIVIANI 1996; A. VIVIANI, *Magenta,* Magenta 1996.

WALEY 1976; D. P. WALEY, *"Condotte" and "Condottieri" in the thirteen century,* in "Proceedings of the British Academy", LXI (1976).

WHEELER 1943; E. M. WHEELER, *Maiden Castle, Dorset,* Oxford 1943.

WINKELMANN 1880; E. WINKELMANN, *Acta imperii inedita,* I, Innsbruck 1880.

ZORZI 1931; M. A. ZORZI, *L'ordinamento comunale padovano nella seconda metà del secolo XIII,* in "Miscellanea di Storia veneta", V (1931).

www.ingramcontent.com/pod-product-compliance
Lightning Source LLC
Chambersburg PA
CBHW061550010526
44116CB00021B/2976